Birgit van der Leeden

Uneigentliche Begegnungen –

Geschichten von Wegen und Umwegen, Irrwegen und Abwegen

Kurzprosa

Edition Euterpe

Lektorat: Dr. Therese Chromik
Titelbild: Dr. Angéla Deák, Cluj-Napoca / Klausenburg

Bibliografische Information Der Deutschen Bibliothek

Die Deutsche Bibliothek verzeichnet diese Publikation in der Deutschen Nationalbibliografie; detaillierte bibliografische Daten sind im Internet über http://dnb.dnb.de abrufbar.

Gesamtherstellung: Husum Druck- und Verlagsgesellschaft,
Nordbahnhofstraße 2 – D-25813 Husum – www.verlagsgruppe.de

ISBN 978-3-96717-174-7

Die tragende Wand

Die mit doppelt oder dreifach gelegtem Tüll vernagelten Fenster waren nicht nur von außen, sondern gewiss auch von innen ein Blickfang. Den Hausbewohnern lieferten sie über Jahre hinweg eine Empörung, die sie zusammenschweißte.

Ich wohnte nebenan. Meine Nähe war eine akustische. Hinter der Wand spielte Herr Luhn Kammermusik. Besonders in jener Tiefe der Nacht, die weder von den Ausläufern des Abends noch von den Vorläufern des Morgens Trost erfährt. Sätze aus Sonaten, Violinkonzerten und Chorälen. Sowohl Stücke, die Wechsel in höhere und schwierigere Lagen erforderten, als auch schlichte Lieder, deren Vibrato die Konturen der Gegenstände auflöste.

In den Pausen erfolgten oft gestoßene Laute, denen ich keine Befindlichkeit zuordnen konnte. Meine Eltern wurden nervös, wenn ich davon erzählte, und schlugen einen Tausch unserer Zimmer vor, was ich aber ablehnte. Schon mit sieben hatte ich ein Loch in den Putz gebohrt, um irgendwann auf der anderen Seite anzukommen. Damals hatte mein Vater gelacht und gesagt, zwischen Herrn Luhn und uns liege eine tragende Wand.

Wenn ich nachts aufwachte, hatte ich das beruhigende Gefühl, dass das Leben weiterfloss. Nie verstarb der Tag. So war ich auf Musik gebettet, eine ganze Kindheit lang. Wann Herr Luhn schlief, weiß ich nicht.

Die Leute im Haus unkten, man dulde ihn im städtischen Liebhaberorchester am letzten Pult der zweiten Geige. Ich aber nahm ihm den Virtuosen ab und wollte selbst Violinstunden haben. Jetzt lachte mein Vater nicht mehr. Offenbar war meinen Eltern die Wand vor Herrn Luhn zu dünn, und sie suchten nach einem Vorwand, meinen Wunsch abzulehnen.

Er war kurz und einsilbig wie sein Name. Nie hatte er Besuch, nicht einmal einen Telefonanschluss. Nur mit mir plauderte er gelegentlich auf der Straße und beteuerte, stets mit Dämpfer zu spielen, um meine Nachtruhe nicht zu gefährden. Die Zeit seiner großen Auftritte sei ohnehin vorbei.

Später erfuhr ich, dass er als Buchhalter arbeitete. Ich war enttäuscht. Zwar hatte ich keine rechte Ahnung, was ein Buchhalter tat, doch stellte ich es mir gänzlich leidenschaftslos vor.

Vielleicht schleppte er daher unentwegt die Geige mit sich herum, als ginge er mit ihr Hand in Hand. Manchmal schien er zu schlittern, als bewege er sich auf vereistem Boden, und breitete die Arme aus wie bei einem Balanceakt. Wahrscheinlich lag es an dem gewaltigen Musikkörper, der dem schmächtigen Mann eine Unwucht verlieh. Dann aber sah er wieder so aus, als wolle er die Violine wie einen Taktstock in die Hand nehmen.

Langsam kam Luhn in das Alter, in dem Anstrengungen nicht mehr dem Aufbau dienen, sondern allenfalls den Abfall verzögern. Der frühe Verlust der Haare hatte dazu geführt, dass der Buchhalter nicht mehr wegzudenken war. In dem Maße, in dem ich größer wurde, wurde er kleiner. Immer weniger wagte er, nett zu mir zu sein. Er wusste gewiss, dass kleine Leute es sich nicht so ohne weiteres leisten können, nett zu sein. Und ältere noch weniger. Zumal zum anderen Geschlecht.

Eines Tages klingelte es bei ihm. Wir horchten auf, weil wir das Klingeln an seiner Tür nicht kannten. Es klingelte erneut. Beim fünften oder sechsten Mal drückte meine Mutter auf den Türöffner und begab sich ins Treppenhaus. Ich folgte ihr. Mein Vater war auf einer Dienstreise und konnte uns im Notfall, den ich erwartete, nicht beistehen. Ich war erleichtert, als nur eine Person die Treppe hochkam. Und dass diese Person kein Mann war.

Sie war eine Erscheinung aus einer anderen Welt. Eine Diva. Ungewöhnlich groß und schön. An ihrer Schönheit schien sie unschuldig zu sein. Das mochte ich an ihr. Sie passte nicht in unser Haus. Und schon gar nicht vor Luhns Tür. Die Frau wusste, was auch wir wussten: dass er zu Hause war. Sie hatte es bestimmt nicht nötig, aufdringlich zu sein. Eher hätte ich sie für unnahbar gehalten. Unnahbar aber blieb Herr Luhn, indem er nicht öffnete. Inzwischen klopfte die Frau an die Tür, als sei Klopfen ein verbindlicheres Signal als Klingeln, und schaute zur falschen Seite durch den Spion. Als sie schließlich zu rufen begann, scharten sich auch Nachbarn der anderen Etagen um sie. Ich glaube, meine Mutter war drauf und dran, die Polizei einzuschalten. Die Frau blieb beharrlich stehen. In ihrem Blick lag etwas Flehentliches, als hätten wir die Schlüsselgewalt über seine Wohnung. Das gelbe Licht des Treppenhauses schien sich zu intensivieren und ließ mit der Zeit alles ranzig wirken. Selbst diese schöne Frau. Als wir erleichtert wahrnahmen, wie unten die Tür ins Schloss fiel und die Frau sang- und klanglos verschwand, huschte kurz darauf der Luhnsche Schatten über den Flur.

In der Nacht wachte ich durch ein Poltern und Quietschen auf, dem eine ungewöhnliche Lautlosigkeit folgte. Die Lautlosigkeit hatte Bestand. Beunruhigt achtete ich am folgenden Morgen darauf, ob Herr Luhn zur gewohnten Zeit das Haus verließ. Das tat er.

Das Geigenspiel aber verebbte mit diesem Tag. Nachts hörte ich plötzlich die Stille. Sie war so laut, dass ich nicht mehr schlafen konnte. Vergeblich wartete ich auf die Kleine Nachtmusik oder das Largo. Auch die Tagesgeräusche klangen so, als seien sie auslaufender Natur. Leiser. Zögerlicher. Vielleicht war der Tag nur der Annex des verstorbenen Spiels gewesen und wurde nun nicht mehr angefacht.

Manchmal stand meine Mutter im Gang und schnupperte vor seiner Tür. *Dieser merkwürdige Geruch*, sagte sie. Ein Verwesungsgestank konnte es nicht sein. Dachte ich damals. Schließlich ging Herr Luhn ohne jede Unregelmäßigkeit tagaus und nachtein.

Monate später jedoch geriet ich in Sorge. An einem Wochenende bemerkte ich das Schweigen der Wand. Wenn ich zurückdachte, war sie schon mehrere Tage lang stumm gewesen. Meine Wahrnehmung hatte mit jener Verzögerung eingesetzt, die all dem Unbeachteten eigen ist, das irgendwann zu fehlen beginnt. Nachts horchte ich die Stille ab, indem ich mich nicht bewegte, meinen Atem stoppte und sogar mein Ohr als Stethoskop an die Wand legte. Ich versuchte zu ergründen, ob in einer tieferen Schicht dieser Stille nicht doch eine letzte Unschlüssigkeit lag. Da wurde mir bewusst, dass die Stille womöglich begehbar war. Wenn er noch lebte, war sie ein Moratorium. Deutlicher konnte er nicht sprechen. Ich musste handeln. Tatsächlich wurde er auch im Büro vermisst, sodass der Hausverwalter das Aufbrechen der Wohnung veranlasste.

Herr Luhn lebte. Das heißt, sein Körper. So gesehen war er nicht in Gefahr. Von der Türschwelle aus beobachtete ich, wie man ihn auf einer Trage herausbrachte. Er wirkte nicht, als habe er sich in sich selbst verirrt, sondern er schien schon ausgezogen zu sein. Als er zu mir hinschaute, stand wie immer in seinem Gesicht ein scheues Lächeln. Die Lippen vibrierten; zu sprechen aber vermochte er nicht. Im Gegensatz zu Luhns seltsam aufgeräumtem Blick barg die Zweizimmerwohnung Abfall und Unrat. Barg, was verderblich und ungenießbar geworden war. Verschimmeltes Obst und Brot. Die Hüllen des Verzehrten. Und sie barg Verdautes und Unverdauliches.

Luhn ist dun, Luhn ist dun, grölten die Jungen des Hausverwalters, als bei der Grobentrümpelung die

Schnaps-, Bier- und Weinflaschen herausgebracht wurden. Frau Packheiß, deren Wohnung zum Hof hin, also gegenüber dem Mülltonnenhäuschen, lag, offenbarte kleinlaut, sie habe oft in Luhns Tonne geschaut. Und die sei immer leer gewesen. Unheimlich leer. Man stelle sich das vor: ein Mensch, der nichts wegzuwerfen hat. *Der nichts wegwerfen kann,* korrigierte Herr Wetzel von Parterre. *Er hat aber doch alles weggeworfen*, widersprach der Hausverwalter. *Alles vergeigt hat er,* sagte Herr Wetzel.

Wenn man von jener geheimnisvollen Frau absah – und er hatte ja von ihr abgesehen – waren wir seine Nächsten und boten dem Hausverwalter an, die Wohnung herzurichten. Ich war siebzehn, anfällig für Suche nach Sinn, und wollte die Rückseite meiner Jugend erkunden. Zum ersten Mal begab ich mich über Luhns Schwelle. Während sich meine Mutter der verdorbenen Dinge annahm, sammelte ich behutsam auf, was es zu bewahren galt: zerrissene Noten und angefangene Briefe. Die Bruchstücke der Geige, der er das Genick gebrochen hatte. Auch Wirbel, Bogen und Brocken von Kolophonium. Den Dämpfer aber steckte ich heimlich in meine Hosentasche.

An jener Wand, die wir uns teilten, zeugten zwölf Kalendarien von einer buchhalterischen Bewältigung der letzten Jahre. Jedes einzelne Feld der Monatstage war mit einem dicken roten Filzstift durchgestrichen. Ein Strich durch all die leeren Tage, die Herr Luhn erledigt hatte oder die ihn erledigt hatten. Nur ein einziges Feld war frei geblieben. War es jener Tag, an dem der steile Lauf der Falllinie begonnen hatte?

Auf dem Nachttisch stand ein Bild. Von einer abgebrannten Kerze, deren Schein es hätte erfassen können, war nur der Docht übriggeblieben. Einsam und schwarz. Das Foto zeigte sie zusammen vor einem Orchester.

Und doch wie einen Buchhalter neben der Virtuosin. Zwar schien das Vibrato gezähmt, doch in berührungsempfindlichen Stunden vielleicht von so großer Bedürftigkeit, dass es die Konturen des Möglichen auflöste. Wieder überlegte ich, warum er nicht geöffnet hatte. Er hätte sie in ein Café einladen können. Ich war ja siebzehn, als ich so dachte.

Wie leicht hätte es hier brennen können, durchschnitt meine Mutter meine Gedanken und blickte auf den im Wachs erstarrten Docht.

Mit einem Nachbarn lacht man. Mit einem Freund weint man. Mit Herrn Luhn hatte ich weder lachen noch weinen können. Zu spät war ich auf der anderen Seite der Wand angekommen. *Ich werde mich um ihn kümmern*, kündigte ich an, als wir die drei Lagen Tüll abnahmen, die den Blick gefangen gehalten und den Tag ausgesperrt hatten. Entsetzt schaute meine Mutter mich an.

Fluchtpunkte

Vielleicht sagt sie zu, weil er Janko heißt; hieße er Manfred, lehnte sie womöglich ab. Manfred passte sogar besser zu ihm, denkt sie noch, als er sie über die geplante Route am kommenden Sonnabend aufklärt.

Pünktlich steht er am frühen Samstagmorgen an ihrer Tür. Über die A 23 bis zum Anschluss an die B 5. Sagt er. Dreizehn Kilometer nördlich von Husum müssten sie in die Marsch abbiegen. Insgesamt 171 Kilometer. Gerne würde sie mit der Genauigkeit der Angabe einen Scherz machen, doch vertragen Zahlen bekanntlich keinen Humor.

Die mit dem Himmel allein gelassene Weidelandschaft verändert sich auf der ganzen Strecke nicht wesentlich. Nur die zunehmende Krümmung der Windflüchter zeigt, dass das Meer nahe ist. Von der Schleuse, an der kein weiteres Auto parkt, laufen sie an diesem kühlen ersten April über den schnurgeraden First der Deichkronen. Der Gegend sind die Zeichen des Frühlings kaum abzulesen. Schafe, die den seltenen Spaziergängern höhnisch hinterherblöken, scheinen das alleinige Sagen zu haben.

Wie in einem tabellarischen Lebenslauf teilt er das, was sich an der Oberfläche seiner Jahre gesammelt hat, mit. *Sohn eines verstorbenen Steuerbeamten, konfirmiert mit fünfzehn, Realschulabschluss, Abitur auf dem zweiten Bildungsweg. Danach studiert.* Als gehe es um ein Bewerbungsverfahren. Vieles würde sie gern genauer erfahren, doch will sie nicht zu häufig nachfragen. Dazu wird später genügend Zeit sein.

Manchmal gehen sie hinab ins Deichvorland, wo Lahnungen den von der Flut mitgebrachten Schlick auffangen und im schlichten Verfahren Neuland gewonnen wird. Die gespannt wirkende Oberfläche der blanken

Sandwatten verlockt dazu, den Fuß darauf zu setzen, der aber sofort im schweren Schlick versinkt. Am Horizont sitzen dem Meer die Warften der Halligen wie geheimnisvolle Hünen auf. Doch die stoische Einfachheit des Landstrichs zwischen Marsch und Watt mahnt zu Nüchternheit und Anspruchslosigkeit.

In einer der gelegentlich eintretenden Gesprächspausen zieht er unvermittelt hektisch sein Handy aus der Hosentasche. Bleibt stehen, fixiert mit zusammengekniffenen Augen das Display, wählt eine eingespeicherte Nummer und wiederholt, da niemand antwortet, den Vorgang in etwa zehnminütigen Abständen. Schon wittert sie eine im Verborgenen gehaltene Konkurrenz und wird einsilbiger. Mehr als eine halbe Stunde vergeht, ehe beim vierten Versuch doch eine Reaktion erfolgt. Wie befürchtet, klingt die Stimme weiblich. Sein Gesicht hellt sich auf, und beinahe lückenlos liefert er den Wetterbericht für die nordfriesische Küstenebene ab. Morgen rufe er zur gewohnten Zeit wieder an. Das sei die Mutter gewesen, sagt er und gebraucht dabei den bestimmten Artikel. Routiniert steckt er den Apparat in die Hosentasche.

Sie umkreisen einen frisch eingedeichten Koog, den er auf zwanzig Hektar schätzt, und gelangen immer an denselben Anfang und dasselbe Ende, richten sich in den Wiederholungen ein und lassen Wind, Möwen und Strandläufer das Schweigen auffüllen. Auf dem salzigen Boden gedeiht nichts als der fleischig – glasige Queller, eine Pionierpflanze, die, wie er sachkundig erklärt, zur Gruppe der Halophyten gehöre. Sie wagt nicht zu sagen, dass sie Assoziationen an Wüsten und Sukkulenten hat.

Sie wundert sich, dass er mit seinem Leben schon fertig ist, beschließt aber, sich beruhigt zu fühlen. Still für sich enttarnt sie ihre Träume in den Luftspiegelungen.

Als der rote Sonnenball auf dem Horizont balanciert und langsam in der Nordsee versinkt, schaut er den im unteren Drittel gekappten Himmelskörper versonnen an. Offenbar will er den Abschluss dieses Tages mit besonderen Worten würdigen. Wie ein glühender Radardom, sagt er. Und da er ein Mann ist und seine Worte von Herzen kommen, ist sie gerührt. Er steht ihr gut. In seiner Gegenwart sieht sie um mindestens zwei Konfektionsgrößen besser aus. Demnächst wird sie dreißig und zuteilungsreif wie ihr erster kleiner Bausparvertrag. Längst lauern selbst die Tanten dritten Grades darauf, dass ihr Leben endlich auf vier Beinen läuft und mit zwei Stimmen spricht.

Mit nicht nachlassender Freundlichkeit poliert er an ihrer Seite jeden Sonnabend in der Kleinstadt auf. Gut gewählt, finden die Freunde; gut bekommen, keifen die Singlefrauen. Wie bei allen späten Junggesellen potenziert sich, sobald er von einer Frau besetzt wird, sein Anziehungswert in der Schallgeschwindigkeit weiblichen Trommelfeuers.

Genug also, um ihn zu heiraten. Das Aufgebot bringt keine Ehehindernisse zutage und die Ehe ändert an seiner Nettigkeit eigentlich nichts. Er ist freundlich im Auto, freundlich im Schweigen, freundlich in den Umarmungen. Morgens kauft er jetzt statt zwei vier Brötchen. Darauf ist Verlass. Was willst du mehr, sagen die Freundinnen.

Verstimmt ist sie aber, als er eine Plastiktüte, die sie als Andenken an die Hochzeitsreise ins Silicon Valley hatte aufbewahren wollen, als Mülltüte verwendet, und kann nicht verstehen, dass er nicht verstehen will, dass diese Tüte durch Tüten heimischer Supermärkte keineswegs zu ersetzen ist.

Ihre anfängliche Befürchtung, er könnte, wenn sie mit Freunden zusammensitzen, womöglich zur gewohnten

Zeit sein Handy hervornehmen, ist unbegründet. Seinen Charme schüttet er gleichmäßig über allen aus. Viel sagt er nicht, aber sein Gesicht ruht in der Verschwiegenheit dessen, der es nicht nötig hat, seinen Esprit in Anekdoten zu verbrauchen. Oft rührt er in der Kaffeetasse, räuspert sich und lässt den Blick wieder und wieder über die Bilder an den Wänden schweifen, auch wenn es seine eigenen sind. Oder er sucht sich in der Landschaft vor der Fensterscheibe einen Fluchtpunkt, als zöge es ihn in eine andere Welt. Vieles würde sie gerne genauer erfahren.

Bei der nachmittäglichen Rückkehr aus der Firma schlägt er gewöhnlich vor, in ein Lokal zu gehen. Lass uns eine Kleinigkeit essen, sagt er. Manchmal argwöhnt sie, dass ihm das Mahl aus dem gemeinsamen Kochtopf eine zu große Intimität bedeutet. Danach hat er stets noch eine Kleinigkeit in seinem Zimmer zu erledigen, lädt per Knopfdruck das Universum auf seinen Flachbildschirm und ruft es per Mausklick ab. In den ersten Jahren steht die Tür seines Zimmers dabei noch halb offen. *Kleinigkeit* ist sein liebstes Wort. Hin und wieder vergisst er Kleinigkeiten. Im zweiten Jahr nach Nordfriesland zum Beispiel ihren Geburtstag. Persönliche Daten merkt er sich schlechter als sachbezogene.

Allmählich wird die Türschwelle zur Hemmschwelle. Wenn sie sie dennoch durchbricht, antwortet er mit der Verzögerung transkontinentaler Ferngespräche. Starr ist sein Blick auf den Bildschirm gerichtet, dessen fahles Licht eine offizielle Atmosphäre verbreitet. Seinen Charme hat er abgelegt wie andere Menschen am Abend ihre Zahnprothese oder ihr Toupet. Der Rohling darunter ist ihr fremd. Ihn zu fragen, welche Lebensdimension sich auf dem Schirm verberge, wagt sie nicht, vielleicht aus Angst, er könnte nicht antworten, vielleicht auch aus Angst, er könnte antworten. Wer weiß, vielleicht hört die Welt der Kleinigkeiten hier auf. Obwohl er bereit ist, das Passwort mit ihr zu teilen, beginnt sie, über die Halbwertzeit von Ehen nachzudenken.

Endlich dann der Tag, an dem er sich zu Größerem bekennt. Als sie ihr Wunschkind bekommt, freut er sich auch und ist online dabei: Kurz nach der Geburt weist die Weltbevölkerungsuhr 7.785.850.637 Erdenbürger aus, eine Viertelstunde davor waren es erst 7.785.848.235. Einer der Zuzügler sein Sohn! Stolz ist auch seine Mutter, dass der ganze Familienname und das mutmaßlich halbe Genom in die nächste Generation getragen werden. Um das Andenken an den verstorbenen Vater zu wahren, möchte er den Sohn Hermann nennen, aber darüber kommt es zum Zwist, bis ausgerechnet seine Mutter den Hermann verhindert.

Vielleicht wäre alles anders verlaufen, wenn der Stammhalter ein Hermann hätte werden dürfen. Um seinen Beitrag zu leisten, legt der Vater den Jungen regelmäßig auf die Waage und misst die Länge, die ihm noch zum Erwachsensein fehlt. Leider schreit er anhaltend, obwohl die Eltern so nett zu ihm sind. Das wird dem Vater auch bei geschlossener Tür ein wenig zu laut. Daher dreht sie mit dem Kind Abend für Abend einige Runden um den sieben Hektar umfassenden Wohnblock. Auf Wegen mit eingeschränktem Winterdienst. In der Gesellschaft streunender Katzen, die die abendlichen Spaziergänger misstrauisch mustern. Meist fängt sich zwischen den Häuserfluchten ein rauer Westwind, der noch strenger daherkommt als auf der Marsch. Das sei der natürliche Windkanaleffekt, erklärt er, als sie von ihren Mühen erzählt. Es dauert lange, bis sich das Kind so beruhigt hat, dass es wieder stubenleise ist.

Ginge sie, vermisste sie gewiss so manche Kleinigkeiten. Die Brötchen am Morgen oder das beruhigend störende Geräusch der Klospülung am Abend. Ihre Mütter sprechen vom normalen Zölibat einer fortgeschrittenen Ehe. Vielleicht besser, als sich unentwegt aneinander wund zu denken, wirft eine Freundin ein, die die Ehe mit einem Lyriker gewagt hat.

Nachdem der Junge laufen gelernt hat, durchbricht er ungestüm die Bannmeile zum Zimmer des Vaters und glaubt, er habe dort einen Spielraum. Aber als er auf die einzige Lichtquelle zusteuert und jauchzend die online-Welt mit all den sauberen Zahlen durcheinanderbringt, ist es doch keine Klitzekleinigkeit mehr. Bei Zahlen hört der Spaß bekanntlich auf. Ohne auch nur ein böses Wort zu verlieren, zieht Janko ganz und gar ins Universum um. Manfred, denkt sie noch, hätte wirklich gut zu ihm gepasst. Und manches hätte sie vielleicht doch genauer erfahren sollen.

Annäherung an die Zielstraße

Er steht vorne am Empfang. Die Frau meint den Mann, der mich mitnehmen wollen soll. Ihren Mann. Sie ist sich seiner Anwesenheit sicher, obwohl sie ihn nach der Landung nicht einmal angerufen hat.

Bei mir ist das anders. Wenn ich weg war, gehe ich davon aus, dass die Welt zwischenzeitlich einen Sprung bekommen hat und die Fundamente wackeln. Eine Woche Abwesenheit reicht schon aus. Manchmal auch, um mich hoffen zu lassen, ich hätte in der Zwischenzeit das große Los gezogen. Mein pausenloses Tun während meiner Anwesenheit stemmt sich gegen alle Veränderungen, und vielleicht kann nur während meiner Abwesenheit zur Vollendung gebracht werden, was längst schon in Bereitschaft war.

Jetzt aber bin ich für sämtliche Hoffnungen und Befürchtungen zu müde und würde gern in ein Bett. Stattdessen muss ich noch jemanden kennen lernen, in einem fremden Auto sitzen und ein höflicher Gast sein.

Rita, ruft ein Mann. *Rudi?* fragt die Frau blind in die Menge hinein, bis er sie von hinten am Ärmel zupft. *Ach, da bist du ja.* Tatsächlich, der Mann steht am Empfang. Die Wiedersehensfreude der Beiden liegt auf mittlerem Niveau. Mit derselben Selbstverständlichkeit, mit der die Frau seine Anwesenheit erwartet hat, reicht sie ihm ihren Koffer. Fast gleichzeitig stellt sie mich vor. Nicht namentlich. Die für unsere Bekanntschaft verbleibende Viertelstunde funktioniert auch ohne Namen.

Obwohl mir die Situation unbehaglich ist, bin ich froh, dass mir das Taxi und vor allem die Plauderei mit einem Taxifahrer erspart bleiben. Der Mann scheint den kleinen Umweg wirklich fahren zu wollen. Auf diese Weise kann er seinem Navigator einen Auftrag erteilen. Obwohl er sich den eigentlich sparen könnte. Schließlich bin ich den Weg schon etliche Male gefahren und kenne mich aus. Der Dithmarscher macht aber den Eindruck, dass er sein Navi einstellt wie manche den Wecker, selbst wenn sie wissen, dass sie auch ohne Wecker pünktlich aufwachen.

Am Anfang achte ich nicht auf den Weg, sondern auf das Paar. Meine Sitznachbarin vom Flugzeug hat die Rolle gewechselt und ist jetzt Ehefrau. Im Sitzen ist sie größer als er. Schon daher muss das Auto seine Domäne sein. Vermutlich gehört er zu den Männern, die ihre Frauen nur im Ausnahmefall ans Steuer lassen. Den Rest der Welt würde ich ihr zuordnen. Es ist eigentümlich, den Mann, von dem in den vergangenen Stunden häufiger die Rede war, vor Augen zu haben. Wenn auch nur von hinten. Seine Erscheinung verfälscht mein Bild.

Als ich nach einiger Zeit aus dem Fenster schaue, ist mir die Gegend fremd. Schon bereue ich, den Weg nicht von Anfang an verfolgt zu haben. Wenn man erst einmal mittendrin ist, kann man keine Verantwortung mehr übernehmen. Bislang bin ich diesen Weg meist im Hellen gefahren. Jetzt hat die Dunkelheit im Auto Platz genommen. Vielleicht aber mache ich meine Befremdung nur an Weg und Dunkelheit fest. Vielleicht gilt sie meiner Rückkehr.

Die Fahrt dauert so erstaunlich lang, dass ich mich schließlich dazu äußere. Um nicht in den Verdacht zu geraten, eine persönliche Kritik zu üben, vermute ich, dass uns der Navigator einen Umweg fahren lässt. Damit treffe ich offensichtlich einen empfindlichen Punkt des Ehelebens. Die Frau wittert in mir eine Verbündete. *Früher haben wir auch ohne Navi überall hingefunden,* ereifert sie sich. *Aber mein Mann… nun ja…* Sie seufzt, ohne den Satz zu vollenden.

Ich pflichte ihr bei und ließe mich gern über die Diktatur der Technik aus. Aber der Hinterkopf des Mannes sieht bereits beleidigt aus. Das heißt, natürlich nicht der Hinterkopf selbst, sondern dessen Haltung: um Millimeter zurückgelehnt mit, soweit die Umrisse des Gesichts diesen Rückschluss zulassen, leicht aufgeblasenen Wangen. So halte ich mich mit weiteren Äußerungen lieber zurück.

Inzwischen dauert der Weg doppelt so lang wie sonst. Allerdings wird die Spannung, die im Auto entstanden ist, dadurch entschärft, dass die metallene weibliche Stimme die Annäherung an die Zielstraße ankündigt. *Merkwürdig*, sage ich, *wir kommen offenbar von der anderen Seite*. *Ganz sicher*, sagt der Mann.

Doch dann bin ich beruhigt. Das Licht der Scheinwerfer erfasst kurz, aber eindeutig ein Schild mit dem Straßennamen, den ich suche. Die Häuser, Einfamilienhäuser vom norddeutschen Backsteinhaustypus, sind in zwei Reihen angeordnet. Vorne jeweils die Basisnummern, hinten die A – Nummern. *42 A*, sage ich unnötigerweise, denn das Navi kennt ja die Hausnummer und macht ganze Sache.

Dann alles Gute, sagt die Frau. Der Mann hilft mir trotz meiner Zweifel an seinem Navigationsgerät, mein Gepäck aus dem Wagen zu hieven. Ich danke, gurgele mit dem Trolley den schmalen Heckenweg entlang und finde, dass etwas an ihm nicht stimmt. Das wird an der Müdigkeit liegen. Und an der Dunkelheit. Plötzlich der Lichtmelder, der meine Zweifel bestätigt. Ich stehe vor einem unbekannten Haus. Bin ich denn nicht zu 42 A hineingegangen? Hektisch gurgele ich wieder zurück. Der Lichtkegel der Laterne wächst mir entgegen und erfasst von der Straßenseite das Schild mit der Hausnummer: 42 A. Kein Zweifel möglich.

Ich habe Glück. Die beiden haben gewendet und kommen gerade zurück (das Navi hat bestimmt *Bitte wenden Sie jetzt* befohlen). *Nanu? Niemand zu Hause?*

fragt der Mann mit heruntergekurbeltem Fenster. *Es ist das falsche Haus*, sage ich kleinlaut. *Ich war mir ganz sicher. 42 A. Aber vielleicht muss ich doch zu 24 A.*

Steigen Sie ein, sagt die Frau. *Das kann nach dem langen Flug passieren. So, hier müsste es sein. Jetzt warten wir aber vorsichtshalber.* Inzwischen ist es der Trolley, der mit mir den Heckenweg entlanggurgelt. Ich weiß von Anfang an: Hier ist es auch nicht. Vielleicht ist das Pflaster ein anderes. Vielleicht die Höhe der Hecken eine andere. Obwohl ich auf nichts von alledem geachtet habe, weiß ich intuitiv, dass ich falsch bin. Dunkelheit schärft die Sinne. Lässt Ungenauigkeiten, die wir uns im Hellen erlauben, nicht zu. Vielleicht stehe ich zu den materiellen Dingen auch in einem feinsinnigeren Verhältnis, als ich gemeinhin annehme.

Für die Leute bin ich jetzt ein Fall, dessen man sich annehmen muss. Sie tauschen entsprechende Blicke. Dabei ist mein Ortsgedächtnis eine meiner Stärken. So etwas ist mir noch nie passiert. Doch lieber vermeide ich diese Beteuerung, die mich noch unglaubwürdiger machte. Ich kann nicht sagen, dass ich an mir zweifle. Eher zweifle ich an der Realität, zu der ich gerade ein Verhältnis habe wie zu einem ungehorsamen Kind.

Sind wir überhaupt auf dem richtigen Weg? frage ich vorsichtig, was aber schon unvorsichtig genug und angesichts von GPS sogar ziemlich dreist ist. Sofort wird der Tonfall des Mannes distanzierter. Hilflos und ergeben scheint er mich einigermaßen zu mögen, nicht aber skeptisch und zickig. *Es gibt diesen Straßennamen nur ein einziges Mal*, sagt er in belehrendem Tonfall. Man merkt, dass er nun gern meinen Namen wüsste, um seiner Belehrung durch die direkte namentliche Anrede Nachdruck verleihen zu können.

Ist ja auch der markante Knick, den dieser Weg macht; muss ja richtig sein, denke ich. Und trotzdem gelange ich auf bewährtem Weg nicht ans Ziel. Es ist erniedrigend, etwas zu suchen, von dem man ganz genau weiß, wo es liegt. Und noch erniedrigender, es nicht zu finden.

Wenn ich mehrstellige Zahlen vergesse, weiß ich zumeist die Ziffern, aus denen sie bestehen. So, wie ich mir von vergessenen Wörtern die Anfangsbuchstaben in Erinnerung rufen kann. Ungerade Zahlen sind ausgeschlossen. Schnapszahlen ebenfalls. Und war es weder 42 A noch 24 A, so vielleicht 46 A oder 48 A. Also fahren wir wieder zurück zu den Vierzigern, wo ich den Heckenweg von 46 A ausspioniere.

So hatte sich die Frau den Rückweg gewiss nicht vorgestellt, als sie mir angeboten hat, mich mitzunehmen.

Ich habe keineswegs das Gefühl, mich jetzt meinem Ziel zu nähern. 46 A ist ein fauler Kompromiss mit der Wahrheit. Ich probiere ihn nur aus, weil es noch weniger Sinn machte, unverrichteter Dinge auf der Straße zu bleiben und zu warten, dass sich 42 A in das richtige Haus verwandelt. Obwohl 42 A der Teil der Wahrheit ist, dessen ich mir ebenso sicher bin wie des Namens des Weges, spiele ich das Spiel erneut mit. Inzwischen ziehe ich den Trolley nicht mehr selbst, sondern lasse den Mann Kavalier sein, der mein Gepäck mit maximal ausgefahrenem Teleskopgriff hinter mir herzieht.

Unmerklich beginnt es zu regnen. Obwohl es beinahe windstill ist, geht der Mann so gebeugt, als müsse er starken Gegenwinden trutzen. Vielleicht ist er diese Gangart von Dithmarschen her gewohnt. Sein Schal ist verrutscht; das eine Ende hängt viel zu lang herab. Die Verwahrlosung, die von mir ausgeht, hat sich auf ihn übertragen.

Hunde bellen. Bewegungsmelder rebellieren. Vögel flattern auf. In Häusern gehen Lichter an. Irgendwo wird ein Fenster geöffnet. Vielleicht wird jemand die Polizei rufen. Womöglich wäre das sogar am besten. Dann würde ich die Verantwortung einfach abgeben.

Natürlich ist es das falsche Haus. Fast bin ich dankbar, dass der verbleibende Teil meiner Erwartung entspricht: dass es hier tatsächlich einen Heckenweg, Häuser und Hinterhäuser gibt. Ein Teil meiner inneren Wahrheit wenigstens deckt sich noch mit der äußeren. Aber eine Wirklichkeit, von der nur drei Viertel wahr sind, ist eine im Ganzen unbrauchbare.

Inzwischen tun mir die beiden leid. Obwohl ich nicht weiß, wer Opfer und wer Täter ist. Wer hat wen in diese prekäre Situation gebracht? Manchmal beharre ich auf falschen Gedanken. Während ich sie denke, weiß ich, dass etwas an ihnen nicht stimmt, aber ich fühle mich in ihnen so wohl, dass ich sie immer bis zum selben Punkt denke. Kurz vor dem Punkt, an dem sie einer Überprüfung nicht mehr standhalten, breche ich ab. Um sie nach einer Weile erneut zu denken. Auf diese Weise verschleppe ich aussichtslose Verliebtheiten manchmal über Jahre.

Da der Ausnahmefall eingetreten ist, hat die Frau am Steuer Platz nehmen dürfen und fährt jetzt wie eine Zeitungsbotin stückchenweise die Straße rauf und runter. Diesmal gehe ich ohne Begleitung und ohne Koffer. Vielleicht gibt es zwei Wege direkt nebeneinander. Vielleicht bin ich, ohne es zu bemerken, ja bei 44 A gelandet. Doch es bestätigt sich nur meine erste Erfahrung. Ich bin ohne Haus und Hof.

Und ich bin den beiden eine zu viel. Was tue ich? Wo schlafe ich? Der nächste Zug zu mir nach Hause fährt erst morgen früh. Und eine Taxifahrt dorthin ist natürlich viel zu teuer. Soll ich mich zu einem Hotel fahren lassen? Oder zu einem Taxi? In der Hoffnung, dass sich morgen früh bei Helligkeit alles zum Guten wendet.

Da bekommt die Dunkelheit plötzlich Schritte, die sich mir von vorne nähern. Darin liegt eine Furcht, weil es Nacht ist. Nächtliche Schritte machen Angst. Darin liegt aber auch eine Hoffnung: Es nähert sich ein Mensch.

Langsam bekommen die Schritte eine optische Kontur: die einer späten Hundebesitzerin, die sich mir mit der Geschwindigkeit ihres pinkelnden Dackels nähert. Doch wonach sollte ich fragen? Die einzige Instanz, an die ich mich noch wenden kann, bin nur ich selbst.

Können Sie nicht einfach mal anrufen, schlägt der Mann vor, als ich wieder vor dem Auto stehe. Der Ton, den er anschlägt, ist jetzt geschäftsmäßig und ergebnisorientiert.

Natürlich klingt der Vorschlag plausibel, aber ich möchte meine Freunde zu nächtlicher Zeit nicht beunruhigen. Sie sind alt. Bei späten Gästen deponieren sie den Schlüssel unter der Fußmatte, im Vertrauen darauf, dass niemand auf diese originelle Idee kommt. Außerdem will ich mich nicht schienen lassen, sondern den Weg selbst finden. Ein Telefonat würde die Situation nicht lösen. *Du weißt doch*, würden sie sagen, *wir wohnen immer noch in 42 A. Du warst doch im vergangenen Jahr noch bei uns. Wir kommen zur Tür*, würden sie sagen. Und dann würde ich vor 42 A stehen und sie nicht zur Tür herauskommen sehen. Und sie würden in 42 A zur Tür herauskommen und mich nicht sehen. Wörter und Zahlen sind die unverzichtbaren Maßeinheiten für die Utopie von Übersichtlichkeit. Was habe ich oft von der Doppelbödigkeit der Welt gefaselt, ohne sie erlebt zu haben. Schon zweifle ich daran, dass ich überhaupt Freunde in Norderstedt habe. Sollte ich irgendwann den Bezug zur Realität verlieren, wünsche ich mir, keine Schaulustigen um mich zu haben. Dann will ich mit meiner Wenigkeit allein sein. Aber besser unbekannte Zeugen als solche, die mir etwas bedeuten.

Es tut mir leid, stammle ich, als ich wieder am Auto der fremden Leute stehe. *Ich muss wohl in einem Hotel übernachten. Es wäre nett, wenn Sie mich zu einem Taxi fahren könnten.*

Unsinn, wir suchen gleich ein Hotel, sagt die Frau mit Bestimmtheit, ohne den Mann in die Entscheidung einzubeziehen. Das Ehepaar sieht inzwischen aus, als hätte es ein übereinstimmendes Bedürfnis, mich loszuwerden. Dass ich namenloses Etwas endlich aus ihrem Auto und aus allen Heckenwegen und aller Nächtlichkeit verschwinde. Doch bemühen sich beide immer noch um Freundlichkeit.

Wie finden Sie Hamburg eigentlich, fragt mich die Frau jetzt in therapeutischer Stimmlage. Offenbar hat sie verstanden, dass ich mich an einer Grenze befinde, von der ich zurückgeholt werden muss. *Ganz nett*, sage ich, obwohl ich Hamburg alles andere, nur nicht ganz nett finde. *Mir ist Hamburg zu groß*, sagt die Frau. Vielleicht soll es ein Argument für eine Rechtfertigung meiner Verwirrung sein. Die Stadt ein Moloch. Da kann man ja den Überblick verlieren. Aber das Argument greift ohnehin nicht. Schließlich sind wir in Norderstedt.

Als wir aus dem mir unbekannten Wohngebiet heraus wieder auf einer Hauptstraße sind, sehe ich an einer Kreuzung ein nach links gerichtetes gelbes Hinweisschild: Norderstedt. Ein gelbes, wie gesagt. Kein weißes. Ich kann nicht behaupten, dass ich die Situation sofort peile, und brauche einige Sekunden. Ziemlich synchron rufen wir Frauen dann: *Aber wir sind ja gar nicht in Norderstedt! Wir sind in Hamburg!* Lieber verkneife ich mir jedwede Besserwisserei. Immerhin bin ich Gast der Beiden.

Der Dithmarscher gibt nicht einmal dem Navigator die Schuld. Es scheint, dass ihm der Beweis für das funktionierende Prinzip Technik wichtiger ist als seine eigene Unfehlbarkeit. *Ich Dussel*, sagt er, *habe aus Versehen die Straße in Hamburg eingegeben.* Dann: *Aber haben Sie denn gar nicht bemerkt, dass wir falsch sind?*

Dazu schweige ich lieber. Im Übrigen geht es uns jetzt, da wir wissen, dass wir einander in Kürze wieder los sein können, miteinander gut. Nach etwa zwanzig Minuten kündigt die unbestechliche Stimme die Annäherung an die Zielstraße an. Dann biegen wir erwartungsgemäß in den richtigen Weg mit dem richtigen Namen in der richtigen Stadt ein. Mit dem typischen Knick und den Heckenwegen zu den A – Häusern. Wie gehabt.

Sieht alles ganz genauso aus, sagt die Frau. *Da kann man ja kirre werden. Kein Wunder, dass Sie gar nicht bemerkt haben, dass wir falsch waren,* ergänzt der Mann. Wieder schweige ich, bedanke mich kürzer, als die beiden es verdienen, und verabschiede mich. Es wäre spannend, die Fortsetzungsgeschichte im Auto zu erleben. Ich hätte doch nach dem Namen fragen sollen. Mitwisser sind gut gegen einen späteren Verdacht der Einbildung.

Dann gurgele ich mit meinem Trolley den Heckenweg entlang. Obwohl ich weiß, dass ich jetzt auf dem richtigen Weg bin, erwartet dennoch etwas in mir die Wiederholung des Erlebten. Aber sofort erkenne ich das Haus meiner Freunde. In Flur und Küche brennt Licht. Zwei leuchtende Punkte der Gewissheit. Doch brauche ich Zeit, um mich wieder an die Existenz einer schlichten Wirklichkeit zu gewöhnen. Es ist wie die Loslösung von einem Alptraum, bei der der Schlaf im Widerstreit mit der Wachheit seine Gültigkeit immer noch einfordert. Die simple Übereinstimmung von Erwartung und Erfahrung scheint mir plötzlich fahl und fad. Mehr noch: beinahe verdächtig. Zögernd nehme ich meine Annäherung an das Haus in der Zielstraße vor. Walter und Traude werden mich als die empfangen, die ich stets für sie gewesen bin. Meine Veränderung wird nur in den ersten Momenten zu einer Befremdung führen, die schnell überwunden wird. Sie werden nicht den Riss erkennen, der in den Zeiten meiner Abwesenheit entstanden ist. Jetzt stehe ich vor ihrer Tür.

Die Doppelung

Angekündigt wird nichts. Auch die verzweigten Wasser der Havel, die auf der Atlaskarte so freizeitblau leuchten, verschließen sich dem Blick in die nüchterne Ebene. Nur die erntereifen Spalierobstbäume zu beiden Seiten der Straße lassen es bereits rhythmisch im Ohr klingen. Auf Sichtweite eines Kirchturms schließlich ein schlichtes Hinweisschild. Doch, doch, wir sind schon richtig.

Mit der äußeren Annäherung schwindet aber die innere. Elin ist es, die sagt, was alle denken: *Hier jedenfalls ist das nicht*. Ihre Gedanken müssen beim Auswendiglernen des Gedichts ein Bild von einem einladenden Gutshof gemalt haben; dieser in sich selbst zurückgezogene Ort hingegen sieht nicht aus, als wolle er aufgesucht werden.

Eine Informationstafel am Ortseingang und eine Parkbucht hinter der Kirche, die durch ein glänzendes P-Schild ausgewiesen wird, zeigen jedoch, dass man auf Besucher eingestellt ist. Oder dass man es auch modern kann. Die aus unerfindlichen Gründen auf zwei Stunden am Vormittag begrenzte Parkzeit ignorieren wir. Die Kinder wollen jetzt sowieso nicht mehr und bleiben lieber im Auto und hören die Charts, und ihr Vater bietet an, auf sie aufzupassen.

Unsicher, ob touristische Handlungen wirklich hierhergehören, hänge ich den Fotoapparat über die von den Fenstern abgewandte Schulter. Wie Mauerblümchen kauern die Häuser an der Straße, ohne Vorgärten oder Rasenstreifen. Ich spüre, dass die Anwohner über meinem Kopf die Luft anhalten und ihre Blicke meinen Scheitel kämmen. Hinter Tüllgardinen, Grünlilien und Buntnesseln.

Möglichst unauffällig und ohne die Lautlosigkeit erneut zu verletzen, pilgere ich zur Kirche, die auf einer sanften Anhöhe liegt, und finde tatsächlich auf Anhieb den stattlichen schwarzen Grabstein des gesuchten Gutsgeschlechts. Ein Friedhof allerdings fehlt. Der Birnbaum auch. Natürlich muss er längst das Zeitliche gesegnet haben, was hab denn ich geglaubt. Sympathisch übrigens, dass man dem Touristen nichts vorgaukelt.

Auf einer Bank unweit des Grabsteins sitzen zwei alte Frauen in blauweiß geblümten Schürzenkleidern und mit großen weißen Kopftüchern. Ihre Haut gegerbt wie die von Bäuerinnen, die jahrzehntelang in kontinentalen Sommern fruchtbare Böden beackert haben. Als säßen sie hier als Trutzburg für den Fortbestand Fontanescher Zeit.

Als ich die Informationstafel ansteuern will, die meine Anwesenheit schließlich legitimiert, rufen mich die Beiden zurück, verlangen aber weder ein Eintrittsgeld noch händigen sie mir einen Bußgeldbescheid wegen des Falschparkens aus. Ganz ohne dass ich gefragt habe, rühren sie mit ausgestreckten Armen gegen Südosten ein wenig im Himmel herum und erklären mir, dass ich nicht da bin, wo ich sein will, sondern ein ganzes Stück weiter in Richtung Berlin fahren muss. *Sind schon viele hier gewesen*. Ja, ja, so wie ich. Auf einmal tut es mir um die Ortschaft Leid, die als verfehltes Ziel gebrandmarkt ist und tagtäglich enttäuschte Irrfahrer wie uns auffangen muss. Nie das gesuchte Ziel.

Doch die Frauen tragen ein Lächeln im Gesicht, das weiser ist. Jene leicht abwertende Gebärde mit den Armen, sagt sie vielleicht, dass es nicht lohnt, sich ein Stück aus einem anderen Himmel auszuschneiden. Dass es nicht einmal Not tut, einem Himmel überhaupt etwas abzuverlangen.

Ein lauer Spätsommerabend. Lichttupfer überspielen die Schatten, leichte Windböen necken das Laub. Stille, die die Natur sprechen lässt. *Es flüstert im Baume.*

Nichts heischt nach Darstellung, nichts nach Veränderung. Das macht den Frieden.

Langsamer, als ich gekommen bin, gehe ich zurück und werfe einen zweiten Blick auf das von aufgeschobener Instandsetzung zeugende Dörfchen. Einvernehmlich hält die Bröckeligkeit die Gebäude zusammen und gibt ihnen den Anflug einer Schönheit, die gegen den Strich gebürstet ist. Schade nur, dass die Frauen von Ribbeck keinen Korb mit Birnen neben sich stehen haben, von dem man sich bedienen kann, doch weiß ich ja, dass damit die Stärke der Doppelung ins Gegenteil umschlüge und die Verfälschung anfinge.

Nils, der neben dem Parkschild wacht, triumphiert. *War doch gleich klar, dass wir hier falsch sind. Nein*, sage ich, *wir sind genau richtig.* Verdutzt greift er nach dem Handy und rennt zum vermeintlichen Grabstein, Vater und Schwester hinterher. Sollen sie nur. Der Fotoapparat wird ihnen allerdings wenig nützen.

Im Gegenlicht

Schon lange sitze ich vor einer ungeschriebenen Seite. Der Computer mahnt zur Speicherung der Leere, die er als Zeichen verbucht: ein ungefährer Wert. Das Licht ist fernab vor Anker gegangen; irgendwo zwischen dem südlichen Wendekreis und dem Äquator dümpelt die Sonne herum und verschleppt die Lebenszeit der Nordländer. Ich schaue aus dem Fenster auf das Nachbarhaus. Ein Haus bewahrt zum anderen immer denselben Abstand. Doch mit der spiegelbildlichen Anordnung – Wohnzimmer, Essraum, Küche und eines der Arbeitszimmer liegen einander jeweils gegenüber – wollte der Architekt der hiesigen Anonymität vielleicht ein Schnippchen schlagen. Die Hecke ist blattlos, sodass ich den Nachbarn aus zehn bis zwölf Metern Entfernung beiwohnen kann, wenn die Sonne nicht allzu sehr blendet. Tagsüber sehe ich sie im Gegenlicht.

Vis-à-vis steht heute der Mann am Herd; er und seine Frau kochen im täglichen Wechsel. Gleich wird eines der Kinder den Tisch decken und die drei Kerzen des Leuchters an der grünen Wand anzünden. Gerne übernähme ich dieses Ritual, aber eine solche Spiegelung wäre ein unerbetenes Bekenntnis. Dort drüben scheint man es gut miteinander auszuhalten, gestikuliert, hört zu, lacht und spricht weit über das Abendessen hinaus miteinander. Sohn und Tochter, beide schon in einem Alter, in dem es die meisten zur Selbstständigkeit drängt, sind stets dabei. Eine klassische Harmonie. Selten nur ist der Fernseher eingeschaltet.

Nie – das ist mein Eindruck – schauen sie zu uns hinüber. Die Bedeutsamkeit ihres eigenen Lebens macht sie offenbar für Beiläufiges unempfänglich. Ohnehin braucht man in diesem Land keine Gardinen. Man ersetzt sie mental. Mir jedoch mangelt es an dem Vermögen, im Menschen den Menschen zu übersehen.

Am 26. Februar leiht sich Stockholm plötzlich einen rekordverdächtigen Sonnentag mit Temperaturen über zwanzig Grad, der alles auf den Kopf stellt. Am Nachmittag, als das Gegenlicht so stark ist, dass ich die Augen zusammenkneifen muss, spielen die Nachbarn mit der Tochter in einem apokalyptisch anmutenden Garten Boccia. Der Mann, so um die fünfzig, groß und stattlich, die vollen dunklen Haare bereits von einigen ergrauten Strähnen durchzogen, hält, was er hinter Glas zu sein verspricht. Doch hat er das langärmlige weiße Oberhemd, mit dem er sonst immer einen Hauch aus einer anderen, mir verschlossenen Welt mitbringt, gegen ein blaugrün gestreiftes Polohemd getauscht. (Weiße Oberhemden mit Krawatte mag ich bei meinem eigenen Mann überhaupt nicht, aber das ist eine andere Geschichte.) Die blassen Arme ragen aus den kurzen Ärmeln unerwartet schwächlich und beinahe verletzlich heraus. Die Nachbarin ist klein, dicklich und ebenfalls um die fünfzig,

Anfang März schaltet sich die Kälte wieder zwischen die Menschen; beißende Winde aus einem Hoch über Norrland verweisen jeden in sein Haus. Der Wind macht nachts so viel Wesens um sich, dass ich die Seite wechsele und im Arbeitszimmer übernachte. Morgens ab vier, wenn die Helligkeit den Wind besänftigt, balzen die Vögel in den blattlosen Bäumen, peinlich verfrühte Gäste, für die noch nichts vorbereitet ist, aber die Pflanzen antworten nicht. Viel zu früh für diesen Tag sitze auch ich am Schreibtisch, gelinkt und gelockt von dem roten Sonnenball, der in einem der gegenüber liegenden Fenster gleißt und das gelbe Holz in satte Farbe tüncht. Das Glas ist nicht entspiegelt.

Da öffnet die Frau die Terrassentür, steht im Bademantel (dunkelblauer Satin, glaube ich, der Bademantel macht was her) zwischen Tür und Angel und lugt zu den in den Himmel ragenden Baumskeletten, geht kurz in die Küche, um dann erneut zu erscheinen, als spähe sie nach dem Frühling, wie man ein verspätetes Flugzeug erwartet. Durch die Türöffnung sehe ich, wie der Mann nackt durch die Wohnung geht, eine Beobachtung, an der nichts Anderes erwähnenswert ist, als dass ich sie überhaupt erwähne.

In den folgenden Wochen lassen sich die Pflanzen immer noch bitten, obwohl ihnen nun auch die Sonne mit ihrer Wärme schmeichelt. Dann, Mitte Mai, explodiert der Sommer und schiebt sich vor meine Bühne. So hat die Lichtseite des Jahres auch eine Schattenseite.

Es ist nur ein Zufall, dass wir uns auf der Straße begegnen und zur Abiturfeier des Sohnes, die nach morgendlichem Gottesdienst und Entlassungsfeier stattfinden soll, spontan eingeladen werden. Das erste Mal in dem grünen Zimmer mit den weißen Möbeln. Die Bezüge der Stühle erinnern an Joseph-Frank-Design, wie ich es unten am Strandvägen, Stockholms Nobeladresse, gesehen habe: eigenwillig farbenstarke Muster auf weißem Untergrund. Die schmalen weißen Holzrahmen zweier Op-art-Gemälde bilden zu dem etwas zu verbindlichen Grün der Tapete einen sachlichen Kontrast. Am anderen Ende ist eine Sitzecke in gustavianischem Stil platziert, die vermutlich wenig genutzt wird.

Ungeplant werfe ich einen Blick aus dem Fenster. Auf unser Haus. Im Spiegel. Gewusst und doch unerwartet. Wo der englische Rasen zu Ende ist, fängt unser Gestrüpp an, endlos verzweigte Fäden der Brombeersträucher, die in der schattigen Lage nicht einmal üppig tragen. Die dunklen Fensterhöhlen verschweigen die IKEA-Möbel. Die Küchenfensterbank mit der Haushaltsrolle, dem Toaster und der Sodaclubmaschine wirkt behelfsmäßig. Hier hingegen geht alles ohne Notbehelfe auf.

Ich hoffe, dass unser Haus das morgendliche Geschrei verschweigt, wenn die drei Kinder nicht aus dem Bett wollen und sich dann zur selben Zeit um das Badezimmer streiten. Mein Geschrei, wenn ich Angst habe, dass wir den Pendelzug ins Zentrum verpassen, der nur jede Viertelstunde fährt.

Die anwesenden Verwandten, Freunde, Nachbarn und Lehrer haben keine Scheu, in das Kunstwerk des Büffets vernichtend einzugreifen, und gehen nach kurzem Aufenthalt wieder, um noch weitere Abiturienten zu besuchen. Sobald die Platten mit Kaviareiern, Garnelenhappen, Lachspastete und Köttbullar geleert sind, werden sie durch neue ersetzt.

Irgendwann setzen sich die Nachbarn neben uns. *Ebbe*, sagt er und ich denke spontan, dass das Buffet jetzt abgegrast ist. *Ophelia*, stellt dann sie sich vor. Obwohl ich auf keine Namen festgelegt war, irritiert mich die unerwartete Mischung. In diese Gesichter nach all den Monaten plötzlich von nahem zu schauen, die Parfüms riechen und das Vibrato der Stimmen hören zu können, ist wie eine Entschleierung. Selbst dass ich jetzt die Vornamen weiß, ist mir eine Spur zu intim.

Ophelia lanciert das Gespräch, lässt Ebbe Anekdoten erzählen und ergänzt sie mit bestechendem Esprit, ohne dass er sich unterlegen fühlen muss. Die inneren Werte, denke ich, machen es. Den Mann sollte ich nicht zu genau anschauen. Denn schon ahne ich: Er hat doch ferngesehen. Nur kunstfertiger als ich.

Zum Schluss wird von bevorstehenden Veränderungen erzählt: dem halbjährigen Praktikum des Sohnes in Deutschland und dem Auslandsjahr der Tochter in den USA. Wir sind die letzten Gäste. Es ist spät geworden. *Vi ses. Wir sehen uns.* Die Höflichkeit einer Abschiedsfloskel.

Im Oktober macht dies Land allein vom Hinschauen glücklich. Das Fest des fackelnden Ahornbaumes vor meinem Fenster würde ich gern noch für ein paar Wochen dehnen, doch ein von Westen kommendes Sturmtief reißt das Laub von den Zweigen. Am Apfelbaum hängen nur noch vereinzelt rote Äpfel, an der Eberesche die Dolden der Vogelbeeren. Die Fernsicht ist wieder frei. Das Gegenlicht schon früh am Nachmittag von elektrischem Licht abgelöst. Wir kochen Aug in Auge. Essen Zahn um Zahn. Natürlich tun wir immer noch so, als sähen wir uns nicht; wenn wir unsere Sichtbarkeit voreinander verrieten, könnten wir auf diese Weise kaum weiterleben.

Als ich am Freitagabend Kartoffeln püriere, sehe ich unverkennbar deutlich, dass sich Ophelia immer wieder über die Augen wischt, während sie, wohl häufiger als nötig, im Kochtopf rührt. Die Mahlzeiten werden jetzt nicht mehr regelmäßig eingenommen. Und nicht mehr gemeinsam.

Der Herbstnebel verschluckt die Helligkeit und dämpft die Dunkelheit. Wie alle Menschen hierzulande setzt auch Ophelia eine Lichtertreppe auf die Fensterbank, die allerdings einen Wackelkontakt hat und wie ein Leuchtturm Tag und Nacht unterbrochene Signale aussendet. Man denkt eigentlich nicht daran, dass es erst das Dunkel ist, das das Licht ermöglicht. Ein einziges Mal ist die flüchtige Gestalt Ebbes zu sehen, wie er im Mantel das Haus durchstreift.

Von Lucia an steht Ophelia Abend für Abend in der Küche, knetet, formt und dekoriert, als beschwöre sie mit dem Weihnachtsfest das Leben herauf. Manchmal weiß ich nicht, ob sie zu mir herüber oder ins Leere schaut. Auf den Brettern des Lebens hat sie sich im Griff. Und doch bin ich erleichtert, als ich sie am Heiligen Abend beim flackernden Licht der Kerzentreppe mit den von weither angereisten Kindern zu dritt speisen sehe.

Der Mann in meinem Haus koaliert mit einer Comedyshow. Nebenan streiten sich die Kinder um die Computerbenutzung. Langsam gehe ich in den Hausflur und werfe einen Blick in den großen Wandspiegel. Auf mich. Ich heiße Mutter. Sonst incognito. Es ist ein billiger Wert, jünger zu sein als Ophelia. Und schöner, wie mir mein Abbild zuraunt. Leise ziehe ich den Mantel an. Vi ses.

Gartenfest for one

Vögel haben in die verwaisten Körbe der Sonnenblumen schon ein Relief gepickt, ganze Landschaften sind darin entstanden, die man bei genauem Hinsehen wahrnimmt. Da Harriet nun Zeit und Muße hat, die Dinge genau zu betrachten, will sie die Sonnenblumen erst abschneiden, wenn die Stängel die Körbe nicht mehr halten können. Vor den Sonnenblumen stehend, gräbt sie die alten Tulpenzwiebeln aus, deren zinnoberrote Blüten ihr Frühjahr um Frühjahr nicht gefallen, und ersetzt sie durch eine bunte Mischung. Die ergiebigen Regenfälle der vergangenen Woche haben den Boden noch lehmiger und schwerer werden lassen, aber nun gilt es, diesen sonnigen Tag für die Gartenarbeit zu nutzen. *Die Sonnenblumen haben wohl auch ausgedient*, ruft ihr die Nachbarin zu, deren Beete einem vollendeten Halmaspiel gleichen. Harriet will sich heute auf keinen Disput einlassen und gräbt mehr als nötig, wobei ihre rechte Hand plötzlich auf einen kleinen harten Gegenstand stößt – nein, ein Stein ist es nicht. Sie reibt ihn an der Grasnarbe, wird plötzlich ganz aufgeregt und sticht mit dem kleinen Finger einen Lehmklumpen aus der Mitte. Das funktioniert! *Na sowas*, entfährt es ihr laut, aber das Hochhalten dieser kleinen Trophäe gilt nur ihr selbst und nicht der Nachbarin, deren erweckte Neugierde ungestillt bleibt. *Na sowas*! Und schneller, als man es ihr zugetraut hätte, rennt Harriet zum Wasserkran, reißt den Gartenschlauch ab und lässt in ihrer Erregung den Fund in die Brennnesseln fallen. Sie will ihn doch nicht noch einmal – wie lange ist das jetzt her? Zehn Jahre? Fünfzehn? Ein bisschen hastiger als notwendig wühlt sie in den Brennnesseln, erfühlt mit schmerzenden Fingern abermals den wieder verlorengegangenen Fund und lässt ihn unter dem Strahl kalten Wassers seinem Erinnerungsbild ähnlich werden.

Nun weiß sie zwar, dass die ganz persönlichen Sensationen nicht unbedingt etwas für die Presse sind, aber sie ist doch versucht, zumindest eine ihrer vertrautesten Freundinnen anzurufen. Dann allerdings zieht sie den Weg zum Schrank mit den feineren Getränken den zum Telefon vor; es gibt einfach Dinge, die man zunächst mit sich selbst feiern muss. Die Cognacflasche öffnet sie nur bei den allerwichtigsten Anlässen, und wirklich, was ihre Enthaltsamkeit bestätigt, schmeckt der Cognac inzwischen ziemlich schal. Auch hat sie in ihrem Eifer zwar den Fund gewaschen, nicht aber die Hände, sodass das an und für sich vornehme Glas nun deutlich die Spuren der Gartenarbeit trägt. Dies jedoch trübt Harriets Laune und das kleine Fest genauso wenig wie ihre von den Brennnesseln schmerzenden Hände. Hat sie sich durch das kleine Ding hier in gewisser Weise nicht schon einmal die Hände verbrannt? Sie gluckst. Der ungewohnte Cognac zeitigt, so schal er auch ist, bereits seine erste Wirkung.

Mit dem Glas in der Hand geht sie zurück in den Garten, um sich zu einer beschaulichen Viertelstunde, aus der, wie sie insgeheim weiß, mindestens eine halbe werden wird, auf der Bank niederzulassen. Der halboffene Mund der Nachbarin, der sie gutgelaunt zuprostet, stört sie nicht im Geringsten. Die Bank liegt an der so ziemlich einzigen Stelle im Garten, die die Mittagssonne noch erreicht. Im Laufe der Jahre, findet Harriet auf einmal, hat sie doch ein bisschen viel gesät und gepflanzt, zu viel, um sich um jeden Spross sorgen zu können. Von Anfang an hat sie den Ritus gepflegt, jedes bedeutsame Ereignis, ob traurig oder freudig, mit einer Pflanze zu bedenken, sodass allmählich ein Gartenalmanach der letzten Jahrzehnte entstanden ist. Etliches schönes Unkraut, das treibt und sich nicht an Grenzen hält, wuchert dazwischen, wobei über das Attribut auch hier Uneinigkeit zwischen ihr und der Nachbarin besteht. „Unkraut" gehört ohnehin zu den falschen Wörtern; wieder streift Harriets Blick den Halmagarten nebenan.

Die Bank, von der die Farbe längst abgeblättert ist, gliedert sich gut in die Umgebung ein. Dreiunddreißig Jahre alt Bank und Haus und die zuerst gepflanzten Bäume und Sträucher. Sie selbst zählt nunmehr genau das Doppelte. Mit dreißig ist der Lack ab, hat ihr einst zu diesem runden Geburtstag eine jüngere Kollegin zugeraunt und somit ihre baldige Heiratssuche veranlasst, erzählt Harriet sich mit einem weiteren Schluck Cognac, wohl wissend, dass sie hier etwas vereinfacht. *Eigentlich gar nicht so schlecht, wenn der Lack ab ist*, lächelt sie und betrachtet das in der Herbstsonne schimmernde silbrige Holz der Bank mit Wohlgefallen. *Vielleicht sogar schöner*, sagt sie halblaut, als hätte sie einen Zuhörer, und zwei Spatzen scheinen sie erstaunt anzusehen, schöner, denn man sieht klarer.

Im Einvernehmen prostet sie nicht mehr der Nachbarin, sondern der Luft zu, die heute polaren Ursprungs ist. Vergnügt hält sie den ausgegrabenen Fund in der Hand. Auch er ist dreiunddreißig Jahre alt, aber aufgrund von widrigen Umständen schon viel früher der Ermattung anheimgefallen. Im Übermut versucht Harriet, den Ring an den ehedem dafür vorgesehenen Finger zu stecken, doch natürlich kann er nicht mehr passen, nicht, weil der Finger zu dick, sondern weil der Ring einfach zu eng ist. Zu eng und unbiegsam ein solcher Ring. So starr und unbiegsam, dass es naheliegt, das Weite zu suchen, weiter zu suchen, weiter zu werden, als eine auf Einengungen bedachte Gesellschaft es zulassen will. *Manchmal wird alles zum wirklichen Ringkampf*, seufzt Harriet und stellt das inzwischen geleerte Cognacglas, an dem der Lehm getrocknet ist, wenig ladylike auf die Erde. *Fast sollte man meinen: frisch verliebt!* Die

Nachbarin scheint mit den Halmabeeten nicht ausgefüllt zu sein. *Erraten,* ruft Harriet laut. Dann wirft sie den Ring wie eine Münze in die Luft, aber die Kehrseite lässt sich auch jetzt nicht ausmachen.

Wenn Mauern sprechen

Auf diesen Tag hat sie lange gewartet. Und seit vielen Monaten zum ersten Mal geglaubt, zur Sicherheit ein Signal zu brauchen. Verspäten darf sie sich heute nicht. Doch noch vor dem Klingeln des Weckers übernimmt die innere Uhr die Verantwortung, als wisse sie um die Notwendigkeiten.

Monat für Monat hat der Terminkalender aus unbeschriebenen Blättern bestanden. Immer wieder folgte ein leerer Samstag auf einen leeren Freitag und ein leerer Sonntag auf einen leeren Samstag. Immer wieder. Die Zeit ist zu etwas Stofflichem geworden. Zu einem aufgeblähten Hohlkörper, in dem die Frau wie ein Schwebeteilchen umherschwirrt. Sie wartet, ohne eigentlich zu wissen, worauf. Warten als eine Grunddaseinsfunktion.

Ebenfalls zum ersten Mal seit langer Zeit schaut sie bei der Morgentoilette bewusst in den Spiegel, sieht sich fremd und erschrickt für einen Moment. Warum schaut man irgendwann nicht mehr in den Spiegel? Was sie sieht, ist eine plötzliche Alterung. Was sie sieht, sind auch erste Zeichen von Verwahrlosung. Ein vorsichtiger Blick herab auf die verwachsenen Zehennägel bestätigt den Eindruck. Hängen vorzeitiges Altern und Verwahrlosung miteinander zusammen? Schnell blickt sie doch lieber wieder auf ihr Spiegelbild, zieht den Scheitel gerade, föhnt die Haare und verleiht dem Wildwuchs auf diese Weise zumindest den Ansatz einer Frisur. Gleich findet sie, dass sie schon wieder ein wenig jünger ausschaut. Dann nimmt sie ihre beste Jacke aus dem Schrank, die sie seit über einem Jahr nicht getragen hat, und muss feststellen, dass auch eine Kleidermotte diese Jacke für sich erkoren hat. Gleich an mehreren Stellen klaffen die Folgen vernachlässigter Beachtung. In der Zwischenzeit hat die Frau in stetem Wechsel nur ihre zweit- und drittbesten Sachen getragen, so, als gehörten die besten nicht ihr allein, sondern auch einer Außenwelt. Schließlich nimmt sie die am Abend gebügelte Hose hervor, zupft von ihrer Jacke die Wollflusen ab und entstaubt die teuersten ihrer Schuhe, deren Leder im Laufe der Zeit so steif geworden ist, dass sie sich schon beim Anziehen unbequem anfühlen. Bevor sie die Wohnung verlässt, greift sie noch zu einer Lotion, gönnt sich einen Sprühstoß aus dem Flacon ihres Lieblingsparfums und vergewissert sich zweimal, dass sie alles Notwendige dabeihat. Kurz horcht sie im Treppenhaus nach, ob noch andere unterwegs sind, und geht, als sie sich allein wähnt, leise die Treppe hinunter und vermeidet alle Berührungen.

Für ihr Auto hat sie schon am späten Abend einen Parkplatz in der Nähe gefunden und das heutige Ziel bereits in das Navigationssystem eingegeben. Den Weg in einen fernen Winkel der Stadt kennt sie nicht und hat ihn einige Male auf der Karte studiert. Der überraschend rege Berufsverkehr führt zu vielen Ampelstopps. In den vergangenen Monaten ist sie froh gewesen, ihr Auto noch nicht verkauft zu haben; sie hat sogar eine geradezu innige Beziehung zu ihm entwickelt, verschafft es ihr doch ein Restgefühl von Freiheit. Das Auto als sicherer Hafen, von dem aus sie die Welt auf Fernsicht erleben kann. Die Weite des Himmels, die Bewegungen der Wolken, das Spiel von Licht und Schatten, die Silhouetten von Alleen, Dörfern und Städten. Das ist so wenig nicht. Und ist zumindest bis zur Grenze des nächsten Bundeslands erlaubt, wo auch dieser Spaß zeitweilig aufhört, denn neben den In- und Ausländern gibt es neuerdings die Kategorien der Bundeslandinländer und Bundeslandausländer sowie noch kleinerer Verwaltungseinheiten, die das Leben schienen und einengen. Mancherorts beginnt das Ausland nun schon vor der eigenen Haustür.

Kaum kann sie sich daran gewöhnen, dass ein fremder Souverän die Macht übernommen hat, einer, über den man schon länger gesprochen, mit dem aber trotzdem niemand gerechnet hat. Noch dazu ein Schmarotzer, nicht einmal lebensfähig aus sich selbst heraus, sondern angewiesen auf einen unfreiwilligen Wirt. Schützend halten Politiker an imaginären Mauern die Hand über ihre heimischen Virenträger, damit sie unter sich bleiben, lebt man doch seit Jahrtausenden in dem Glauben, ein Feind komme immer von außen. Vereinzelt werden gar Wälder abgeriegelt und für Mensch und Virus gesperrt. Und sofort formiert sich auch eine freiwillige Bürgerwehr, um Spaziergänger und Radfahrer abzufangen, denn nichts lernt sich so schnell wie ein neuer Feind. Nachdem die Kunde vom Virus in die Welt getragen war, war die Frau angesichts der anfänglichen Unwahrscheinlichkeit, selbst von ihm befallen zu sein, persönlich gekränkt gewesen, wenn andere auf Abstand gingen. Verzerrt die Fratze eines Verdachts so schnell den Menschen, mit dem bis vor kurzem noch Sympathie und Freundschaft verbunden waren? Kann urplötzlich ein winziges Virus in Windeseile tilgen, was über viele Jahre gewachsen ist? Schaut her, will sie rufen, ich bin immer noch ich, und ich bin so viel mehr ich als ein Virus in mir.

Wie schwer das Umdenken, dass der Feind nicht nur im Gegenüber, sondern auch in dir selbst sitzt. Und wenn du dem Menschen ein Freund sein willst, so bleib in der Annahme, dass der Feind sich deiner schon bemächtigt hat, dem Freunde fern und erweise ihm den Liebesdienst deiner Abwesenheit. Ein paar Monate liegt sie zurück, diese Weihnachtsbotschaft der Politik.

Doch selbst, wenn der Mensch unsichtbar wird hinter Türen und Tüllgardinen, hinter dem Bürger und hinter dem Feind, kann sie immerhin Familie und Freunden hinter einer Scheibe nahe sein. Immerhin dies. Auch für Ansprüche und Erwartungen, Freude und Frust gelten neue Kategorien.

Und viele unbekannte Wörter gibt es, die sie lernen muss, und auch neue Bedeutungen bekannter Wörter, die unscharf werden in dieser veränderten Welt. Was zum Beispiel bedeutet Leben? Folgt aus dem Überleben automatisch auch ein Leben?

Der Weg nimmt mehr Zeit in Anspruch als vom System berechnet. Wie gut, dass sie einen Puffer eingeplant hat. Wenn sie diesen Termin verpasst, kann es Wochen dauern, bis sie einen neuen erhält. Und mit ihm das vom Staat versprochene Geschenk, das ihr Leben schützen soll. Wie erschrocken war sie, zu einer der vulnerablen Gruppen zu zählen (ebenfalls eine der neuen identitätsstiftenden Kategorien), und seither unterzieht sie sich täglich einem Symptomcheck. Sechzigmal höher als im Schnitt der Bevölkerung sei ihr Risiko zu sterben; eine Furcht einflößende Größe, die sie nicht einmal in eine Anzahl von Menschenleben zu übersetzen weiß. Täglich trug und trägt der Fernseher den Tod von Tausenden ins Wohnzimmer, unfassbar viel Tod. Unfassbar viel Leid. Das aber zum Glück an der Scheibe zur Welt abprallt.

Allmählich richtet sich das Warten auf die Konturen eines Ziels, das mal näher und mal ferner rückt. Die Politiker sprechen und versprechen, trösten und vertrösten. Doch währenddessen wächst die Impfquote so unmerklich wie die Zimmerpflanzen.

Vor etwa einem Monat kamen dann Tag und Stunde, in Konkurrenz zu zweihundertvierundfünfzigtausend anderen Vulnerablen (so hat es am Tag darauf die Zeitung berichtet) am Laptop ihre Impfung erstreiten zu können. Schon geraume Zeit davor schaltete sie das Gerät ein und saß mit glühenden Wangen und feuchten Händen davor, bis endlich der Startschuss fiel. Unaufhaltsam schwanden die verfügbaren Termine auf dem Bildschirm dahin. Um den Prozess zu veranschaulichen, ließen die Webdesigner symbolisierte Männchen und Weibchen unentwegt von links nach rechts rennen, darunter auch die vulnerablen Alten, dargestellt mit Buckel und Stock. Da bäumte sich plötzlich eine Wut in ihr auf. Sie wusste: Es fehlte ihr das Gütesiegel der Systemrelevanz (eines der neuen Wörter). War da nicht diese Ministerin, die die vorgezogene Impfung bestimmter Berufsgruppen zur Anerkennung für einen gesellschaftlichen Einsatz erklärt hatte? Belohnt der Staat Menschen, die für die Gesellschaft etwas leisten, mit einer höheren Überlebenswahrscheinlichkeit? Werden im Umkehrschluss diejenigen bestraft, die nicht mehr an der Arbeitswelt teilhaben? Der Zorn tobte. Tote Rentner sind billiger, wütete es in ihrem Kopf; überhaupt sind Tote ziemlich billig. Billig und sozialverträglich. Gedankenfetzen, die sie zurückzog, nachdem sie zu den Glücklichen gehörte, die tatsächlich einen Termin hatten erobern können.

In etwa vierzehn Tagen wird ihr Risiko reduziert sein, nach der zweiten Impfung in etwa sechs Wochen soll sie sich sicher fühlen. Dann wird sie zu einer anderen wiederum neuen Kategorie gehören. Der der glücklich Geimpften, die wieder am Leben teilhaben dürfen und für die alles normal wird.

Wirklich? Wird sie von Familie und Freunden mit offenen Armen empfangen werden? Wird sie selbst Tür und Herz wieder öffnen?

Am Anfang des Lockdowns ist das Telefon häufig in Gebrauch gewesen. Es hat sie beruhigt, dass alle noch da waren. Nur entfernter, wie bei einem Auslandsaufenthalt. Dann wurden die Anrufe spärlicher, und auch sie nahm das Telefon seltener zur Hand, entwickelte sogar mehr und mehr eine Scheu davor, es zu tun. Nicht so, als hafte auch den digitalen Kontakten etwas Infektiöses an, sondern eher, als seien sie Vehikel für eine zunehmend unpassende Intimität. Ohnehin will sie niemanden stören, und jeder hat in diesen Zeiten schon mit sich selbst genug zu tun, wie eine Nachbarin im Haus gegenüber gesagt hat. Worte, die sie eingeschüchtert haben. Vor kurzem hat sie die Nachbarin unter ihrer Maske beim Einkaufen nicht einmal erkannt, und von anderen wusste sie plötzlich den Namen nicht mehr. Ab wann wird der Mensch dem Menschen unkenntlich?

Am Anfang sprudelten die Informationen von allen Seiten nur so hervor, dann wiederholten sie sich in gedanklichen Endlosschleifen. Man informierte sich gegenseitig über die Nachrichten. Welche Zeitungen man gelesen und welche Sender man gehört und gesehen hatte und dass die einen es so sagen und die anderen so. Und wann man aufgestanden und zu Bett gegangen ist und was man gekocht und gegessen hat und wo man wie lange spazieren gegangen ist. Schnell hat sie sich dabei ertappt, dass es sehr viel mehr Spaß macht, vom eigenen Essen zu erzählen, als sich erzählen zu lassen, was der andere gefrühstückt hat.

Und den vertrauteren Menschen erzählt sie manchmal, wo etwas weh tut und wie lange schon und dass sie lieber nicht zum Arzt geht in dieser Zeit. So also hört sie sich reden und erkennt darin das Gespräch von alten Leuten.

Telefonate eignen der Mitteilung von Ereignissen, eignen den äußeren Schichten mehr als den inneren. Und die äußeren Schichten sind in letzter Zeit so abgeblättert, dass das verbliebene Gerippe allzu nackt und bloß geworden ist, um es einer Kommunikation preiszugeben. Nie zuvor hat sie wahrgenommen, wie anstrengend Gespräche sind. Den Satz eines anderen auffangen und in Windeseile weiterspinnen zu müssen; dann wie von fern zu spüren, wie ihre Worte sogleich zum Fremdkörper mutieren, getrennt von ihr, und doch auf sie verpflichtet zu sein. Oft möchte sie Sätze zurückrufen und korrigieren, ein Wirrwarr, das den Kopf dröhnen lässt. Lieber verzichtet sie auf Telefongespräche. Am unverfänglichsten sind Mails, die dem Sender Zeit lassen und den Empfänger zu keiner Reaktion drängen. Am besten alles nur noch online und offlife. Das ist am unverfänglichsten.

Manchmal jedoch hallt die Stille im Bumerang – Effekt in den Räumen, dass sie doch das Telefon zur Hand nimmt und ein Gespräch ihr letzter Anker ist. Insgesamt aber immunisiert die Isolation allmählich gegen das Bedürfnis nach Nähe und nährt den Verdacht, dass ohnehin alle Beziehungen vor allem dazu dienen, die Stille nicht zu laut werden zu lassen. Auch jenseits von Covid 19. So wird sie sich mit der Kontaktaufnahme Zeit lassen und nichts überstürzen.

Dann wird sie sich erst einmal auf diejenigen beschränken, die wie sie selbst allein leben. Paare sind seit der Pandemie zu Doppelindividuen verblockt. In viel höherem Maße als zuvor. Sie sprechen nur noch im Wir-Modus, unternehmen alles gemeinsam und jeder trägt stoisch das Infektionsrisiko des anderen mit. Als hätte es die Nörgeleien und Streitigkeiten der letzten Jahre nie gegeben. Das Wort Ehe, so musste sie es neu lernen, bedeutet jetzt Einvernehmen, und sie verspürt eine latente Aggression, dass sie nur noch im Einvernehmen mit sich selbst sein kann. So liebäugelt sie wie viele andere sogar mit der Anschaffung eines Hundes.

Zum schwierigsten sozialen Gebilde sind Familien geworden. Familien mit kleinen Kindern ohne Maske. Kindern ohne Impfschutz. Mit Kindern, die sich unbefangen und ungeniert all die Nähe nehmen, die sie brauchen. Nicht selten auch noch mit aufopferungsbereiten Großeltern. Selbstbewusst fordern die Familien in Parks und auf Plätzen und Promenaden die Rechte ihrer Kinder ein. Das Recht vor allem darauf, nicht vornehmlich das ABC der Zurückhaltung lernen zu müssen. Ein kleiner Staat im Staat, vor dem die Frau sich wieder wie eine Ausländerin fühlt. In einer Mischung aus Bewunderung und Furcht macht sie um derartige Familiengebilde vorsichtshalber einen großen Bogen oder hält ein paar Meter lang die Luft an. Hatten Kinder nicht einen Zauber in ihr Leben gebracht? Und wieder die Frage, ob die Fratze eines Virus dies so schnell ändern kann. Nein, niemandem hat sie erzählt, wie dumpf sich nach monatelangem Lockdown die Seele anfühlt. Nach und nach ist verschwunden, womit sie ihr Leben eingerichtet hatte: Freunde, Reisen, Sportgruppen, Kultur, Restaurantbesuche.

Wieviel Welt hat der Mensch im Laufe seines Lebens in sich angespart, um in Zeiten der Not davon abheben und sich daran freuen zu können? Sie hat von jenen gehört, die in Lagern und Gefängnissen von Liedern und Gedichten gezehrt haben, die sie im Kopf gespeichert hatten. Aber das ist etwas ganz Anderes. Oder – ist das gar nicht so ganz anders?

Weit kann es jetzt nicht mehr sein, und es gibt sogar eine behelfsmäßige Ausschilderung. Die weicht allerdings von der Wegweisung durch das Navi ab, scheint ihr jedoch die vertrauenswürdigere Option zu sein. Kurz vor dem Ziel verlieren sich die Hinweisschilder, als gäbe es auf den letzten fünfhundert Metern keine Richtungsalternativen mehr und sei alles eine Frage der Intuition. Statt der Vorfahrtsstraße zu folgen, fährt sie geradeaus. Erfolglos. In Panik schaltet sie erneut das Navi ein, reißt das Lenkrad auf Anweisung der metallenen Stimme in einem riskanten Manöver scharf nach links, rast zurück zur Vorfahrtstraße und lässt sich zu einem monumentalen Gebäude lotsen, vor dem nur wenige

Autos stehen. Die Adresse stimmt mit der auf der Bescheinigung überein, aber Schilder sind nicht zu sehen. Der Zeitpuffer schmilzt dahin. Ein Fahrer der wenigen parkenden Autos, der gerade auf seinen Wagen zusteuert, nimmt ihr Suchen wahr, kommt auf sie zu und erklärt, der Eingang zum Impfzentrum liege auf der anderen Seite des Gebäudes. Hier sei nur die Verwaltung. *Eine irreführende Adressenangabe*, sagt er. *Und eine miserable Ausschilderung.*

Niemandem gegenüber hat sie in den vergangenen Monaten eine solche Dankbarkeit empfunden; plötzlich glaubt sie wieder an eine milde Saite im Spiel des Schicksals. Der Weg um das Gebäude herum nimmt einige Minuten in Anspruch, doch weder der unmaskierte Soldat, der sie am Eingang registriert, noch die verschnupfte Dame, die ihre Unterlagen entgegennimmt, kommentieren ihre fünfminütige Verspätung. Auf dem Weg zum Impfbereich setzt man bei den Hygienemaßnahmen vor allem auf Desinfektionsmittel, für die an gleich mehreren Stellen Spender angebracht sind. Und ein jeder bedient sich im Glauben, auf diese Weise den Viren zu wehren, geflissentlich dieses Rituals, das wie eine religiöse Waschung anmutet. In der großen Wartehalle, in der die Menschen in als sicher erachteten Abständen platziert sind (dennoch sind die verschiedenen Duftnoten von Parfum und Schweiß deutlich zu riechen), stellt sich eine feierliche Stimmung ein. Geradezu so, als nähme sie an einer Kommunion teil. Zum ersten Mal seit langer Zeit ist sie wieder Glied einer Gemeinschaft, umgeben von Menschen, die denselben Wunsch, dasselbe Ziel haben. Es durchströmt sie ein Gefühl von Dankbarkeit, dass nun für sie und all diese Menschen gesorgt wird. Denn anders als jene, denen der sichtbare Gegenfeind in der Spritze unheimlicher ist als der unsichtbare Feind selbst, will sie dem Feind des Feindes vertrauen. Und hofft, dass der Feind den Gegenfeind nicht immer wieder neu überlistet.

Gern hätte sie noch eine Weile in dieser andächtigen Stille gesessen, doch leider läuft die Zeremonie nach dem kargen Muster von Pünktlichkeit und Planmäßigkeit ab und ist viel zu schnell vorbei. Auch dem Arzt stehen nur wenige Minuten zur Verfügung, doch klärt er sie in unzugänglicher Freundlichkeit über das, was sie schon hat lesen müssen, noch einmal auf, insbesondere über mögliche Nebenwirkungen und seltene Risiken. *Sehr, sehr seltene*, sagt er und dehnt dabei das „e“ in „sehr“. *Der erste Schritt zur neuen Normalität*, lächelt er schließlich und nickt ihr aufmunternd zu. Das ist dann wieder so ein Wort.

Beugungen

Hinter einunddreißig Stirnfassaden werden Konjunktivformen gebildet. *Ich lebte*, behauptet Hannes und wird dafür gelobt. Denn *leben* ist ein schwaches Verb und der Konjunktiv II formgleich mit dem Infinitiv. Da bringt unverhofftes Klopfen die Grammatik in Gefahr, wird die Tür einen Spaltbreit geöffnet und der Kopf des Direktors, obwohl an und für sich nicht besonders beeindruckend, löscht andere Möglichkeitsformen aus.

Draußen auf dem Flur im Flüsterton die Mitteilung. Dicht, viel zu dicht vor dem Gesicht der Lehrerin. *Der Vater von Jana Jordan. Autounfall. Auf der Stelle tot. Heute Morgen auf dem Weg zur Arbeit. So schnell kann´s gehen*. Die Worte des Direktors riechen nach gerade getrunkenem Kaffee. Anja Naab versucht, unauffällig einen Schritt zurückzutreten, doch er gleicht den Abstand sofort wieder aus. Das Mädchen, sagt er, möge nach Hause kommen. Der Tod aber, so sagt er, solle ihm noch verschwiegen werden. Vielleicht, weil er zu groß ist für das Kind, vielleicht auch, weil er zu groß ist für die Schule. Das sagt er nicht.

Die Lehrerin bietet an, Jana heimzufahren. Kurz runzelt der Direktor die zu nahe Stirn, als überlege er. Dann schüttelt er den Kopf. *Unterricht geht vor. Versicherungsgründe. Sie verstehen*. Anja versteht eigentlich nicht. Aber immerhin darf sie mit Jana auf das Taxi warten, das auch schon bestellt ist. Für alles ist so weit Sorge getragen.

Draußen hat dieser Tag tatsächlich ein Wetter. Die Verlockungen, die von den sommerlichen Temperaturen ausgehen, kommen Anja Naab pietätloslos vor. Ratlos steht sie an der Straße. Eine Gegenwart ist unbeugsam. Duldet keine Formen anderer Möglichkeiten neben sich. Fragt nicht, wie knapp sie entschieden ist. Neben der Lehrerin still das Mädchen, für das im Augenblick zwei Arten von Gegenwart gelten, eine, die es nicht weiß, und eine, die es zu wissen glaubt. Es ist ihm nicht anzumerken, ob sich seine Gedanken dem Äußersten, das passiert sein könnte, nähern. Da Anja fürchtet, das Kind könnte es ihrem Gesicht ablesen, fragt sie schnell: *Habt ihr die Englischarbeit zurückbekommen*? Jana nickt. *Ich habe eine Zwei. Schön*, hört Anja sich sagen und hasst sich. Sie zürnt mit einem Augenblick, der sich aufbläht und alle Zukunft an seine Winzigkeit bindet. Dann kommt endlich das Taxi.

Die Klasse will natürlich wissen, was geschehen ist, und die Lehrerin sagt, natürlich sagt sie: *Der Vater von Jana ist gestorben.* Nun weiß es die ganze Klasse, nur Jana nicht.

Der Nachmittag am Schreibtisch. Im Blumenbeet vor dem Fenster die Spuren sommerlichen Vergehens. Die verblühten Margeriten wie verbrannt und die beinahe welken Rosenköpfe zu schwer für die Stängel, die sie tragen sollen. Anja muss Klausuren korrigieren, aber Erinnerungen schießen Löcher in die Konzentration. Sie legt den Rotstift beiseite. Sucht eine Karte. Dann einen Satz. *Liebe Jana*. Das ist noch kein Satz. Schließlich legt sie die Karte beiseite. Es gibt keinen Satz. Es gibt zu viele Sätze.

Eine zur immerwährenden Gegenwart gebeugte Vergangenheit. Schon trägt der Sommer Spuren von Verschleiß. Anja kehrt aus der Schule heim und reißt von einem herabhängenden Ast des Kastanienbaumes ein löcheriges Blatt ab. Der kleine Bruder spielt mit den Nachbarskindern im Vorgarten und winkt. Ganz normal. Die Haustür ist angelehnt, das kommt häufig vor, doch im zweiten Stock steht die Mutter an der offenen Tür, ohne dass Anja geklingelt hat.

Heute, sagt sie, als die Tochter die Schwelle übertreten hat, *ist ein schlimmer Tag. Papa ist ins Krankenhaus gekommen.* Aufhorchen – das ist schon einmal passiert und es war schlimm genug. Erst durften sie den Vater nicht besuchen, und wenn das Telefon ging, zitterten der Mutter Hände, Lippen und Stimme. Wie ein Ritt über den Bodensee. Das waren die Worte des Arztes, aber Anja erschrak nicht so, wie sie hätte erschrecken müssen, denn der Ritt klang nach einem Märchen und das Märchen ging gut aus.

Heute ist ein schlimmer Tag, hat die Mutter gesagt, und Anja will sie auf die Bedeutsamkeit jedes ihrer Worte verpflichten: *heute*, denkt sie, *nur heute*. Als die Mutter aber fortfährt, möchte Anja plötzlich alles anhalten und neben der großen Angst ewig den Hoffnungsfunken behalten. Ein Moment, in dem die Zeitenfolge verworfen wird, die Zukunft vorprescht und um die kleinste Einheit den Vorsprung gewinnt: Anja weiß bereits, was sie im nächsten Moment erfahren wird. Mit dem Folgesatz findet ein Weltensprung statt, unüberbrückbar, ein Weltsprung, nie mehr zu kitten. Warum hat der Bruder so fröhlich gewunken? Gilt beim Empfang schlimmer Nachrichten das Erstgeborenenrecht? Sie will die Nachricht nicht gehört haben. Will diesen Tag nicht haben. Weiß nicht einmal mehr, wie Weinen geht. *Geh doch nach draußen* und spiel mit den anderen! Die Mutter meint es gut. Rollschuhe rattern über Hof und Bürgersteig, Geräusche aus einer anderen Welt.

Im Treppenhaus huscht der Bruder an Anja vorbei, und sie hält ihn nicht auf. *Puh, ist das heiß. Schnell was trinken*. Als sie sich langsam die Rollschuhe anschnallt, schreibt Frau Schütte, die Inhaberin vom kleinen Laden nebenan, *Frische Erdbeeren* mit Kreide auf eine Tafel. Die rot weiß gestreifte Markise vor dem Geschäft gaukelt einen fröhlichen Sonnentag vor. Anja entwickelt plötzlich einen Ekel vor Erdbeeren und allem, was rot und fleischig ist, und lehnt sich mit einem Anflug von Übelkeit an die Hauswand.

Da kommt der Bruder mit nassem Gesicht aus dem Haus gelaufen; Tränen rinnen in den offenen Mund, der laut den Satz preisgibt, in den auch er jetzt eingeweiht und vor dem er sofort weggelaufen ist. Die Schwester kann ihn nicht verhindern, diesen falschen Satz, vier kurze Wörter für eine Ungeheuerlichkeit; und er zeitigt prompte Wirkung, indem er einige Kinder aus der Nachbarschaft anlockt, die aus dem Automaten neben dem Laden bunte Kaugummikugeln gezogen haben. *Wenn mein Vater gestorben wäre*, behauptet Ele, vielleicht einmal eine Freundin, und mustert Anja kaugummikauend von oben bis unten, *würde ich nicht so auf der Straße 'rumlaufen.* Anja versteht. Versteht, dass jetzt eigentlich nichts mehr passend ist, schnallt die Rollschuhe ab, zieht sich ins Haus zurück und verweilt zwischen Tür und Treppe. In einem Treppenhaus steht man nicht herum. Man geht hinauf oder hinaus. Es macht Herrn Schmitz offenbar nervös, dass Anja sich auf keinem der beiden zulässigen Wege befindet. Auch das Treppenhaus scheint, obwohl es ein Ort des Übergangs und des Flüchtigen ist, nicht passend zu sein.

Es ist erst ein paar Monate her, dass sie auf Rollschuhen ausgerutscht ist, als sie am Jägerzaun des Vorgartens lehnte. Ein Zaunspieß bohrte sich in den Oberarm und nach einem ersten Gefühl der Taubheit begann der Arm zu toben; es gab nichts als diesen entsetzlichen Schmerz, bis er im Krankenhaus betäubt wurde. Doch plötzlich erscheint er ihr begehrenswert. Ein Schmerz, der eindeutig dem Körper zuzuordnen ist. Von dem sie weiß: Er sitzt im rechten Arm und nur hier. Ein Schmerz, der zu dämpfen ist. Könnte man auch ohne ein Loch, das sichtbar ist, im Krankenhaus um Aufnahme bitten?

Oben in der Wohnung weiß Anja nicht, wohin sie mit dem Hindernis ihres Körpers soll. Auf der Couch liegend starrt sie in das Gewirr der kantigen Stahlbeine von

Tisch und Stühlen. Möbel, die erst vor kurzem geliefert wurden und die sie nicht gewollt hatte, keine dunklen Teakholzmöbel und keine praktischen Kunstlederbezüge. Noch vor wenigen Tagen hat sie dem Vater deswegen Vorwürfe gemacht. Jetzt kann es für die Möbel keinen Schuldigen mehr geben; sie stehen in ihrer ganzen Hässlichkeit in Anjas hässlich gewordenem Leben und müssten fast geliebt werden dafür, dass sie vom Vater zeugen.

Sie weiß nicht, wie und wo man zu trauern beginnt, und fängt bei dem Verlust des gebuchten Urlaubs an. Ein Verlust, den sie in seiner Bedeutung abstecken kann. Am späten Nachmittag erscheinen Verwandte und Nachbarn und Leute, die sie nie gesehen hat. Beinahe alle sagen sie denselben Satz, *ich kann es nicht fassen*, sagen sie. Auch Anja kann nicht fassen, was passiert ist, doch anders als die Leute in den Sesseln ist sie noch sehr weit von dem Satz entfernt. In der vollen Wohnung sieht man nicht so deutlich, dass der Vater nicht mit dabei ist. *Wenn ihr Hilfe braucht*, sagen die Leute, bevor sie gehen. Wenige nur vollenden den Satz. Noch sind auch die Frauen so erschüttert, dass sie in der Mutter nicht die junge Witwe erkennen.

Der Traum ist ein guter Ort. Er nimmt dem Leben nicht den Vater und dem Vater nicht das Leben. Plötzlich vertrautes Motorengeräusch vor der Garagenzeile im Hof: Nun ist er doch zurückgekommen, gleich wird sie die schnellen, schlurfenden Schritte im Treppenhaus hören, wird aufstehen und dem Vater entgegenlaufen. Halb richtet sie sich auf, spart ein paar Atemzüge aus. Der Herzschlag dehnt sich bis zum Hals, ist zu laut, um die Schritte hören zu können. Doch keine Tür öffnet sich und mit steifem Rücken begibt Anja sich vorsichtig und fast geräuschlos wieder in Liegestellung, so, als dürfe sie die Stille nicht verletzen. Lange ist sie jetzt wach.

Mit dem Gefühl unwissenden Erwachens beginnt der nächste Tag, bevor ihn die langsam einsetzende Lawine der Erinnerung unter sich begräbt. Anja ist erstaunt, dass die Mutter sie zur Schule schickt und das Unfassbare mit dem Alltag eine selbstverständliche Liaison eingehen soll. Sie darf die erst vor ein paar Tagen gekauften weißen Schuhe anziehen, obwohl sonst stets darauf geachtet wird, dass neu gekaufte Sachen einzig zu besonderen Anlässen getragen werden. Auf einmal argwöhnt sie, dass der heutige Tag als besonderer Anlass gilt.

Im Bus blicken alle sie an, und sie, die Aussätzige, sucht Zuflucht bei den Schuhen, die noch ganz unversehrt sind. Auf dem Schulhof spielen die Mädchen Gummitwist, und sie springt mit, konzentriert und selbst bis zur vierten Stufe fehlerfrei, damit die Schuhe keine grauen Stellen bekommen und nichts auffällt. Nur wenn sie alles mitmacht wie bisher, wird sie eine Chance haben, den falschen Satz zu verheimlichen. Doch da sie an diesem Tag keine anderen Sätze hat, ist sie bald gestellt und muss eine halbe Lüge erfinden, um der Wahrheit näher zu kommen. *Mein Vater hat einen Herzinfarkt*, sagt sie, denn sie kann ihn nicht sterben lassen von gestern auf heute; ein Mensch braucht Zeit zum Sterben vor den anderen. *Mein Vater ist ein bisschen tot* entspräche dem Stand ihrer Wahrheit, aber das brächte heillose Verwirrung. *Kopf hoch*, sagen die anderen. *Das wird schon wieder. So schnell stirbt man nicht*. Da bleibt nur die Toilette als Schutzraum.

Auf dem kurzen Hals des Lateinlehrers sitzt ein aufgedunsenes Gesicht mit vielen roten Äderchen. Der Mund artikuliert deutlich die Endungen der Verbformen. *Amo, amas, amat*. Sie versucht, sich an die letzten Worte zu erinnern, die der Vater ihr gesagt hat, und weiß sie nicht. *Vivo … viv…* Sie kann das Verb nicht konjugieren. Der Lehrer, der vor ihr auf dem Pult thront, schnaubt verächtlich, sodass die Nasenlöcher sich blähen wie die Nüstern eines Pferds.

Noch trennt sie erst ein Tag des Andersseins von den Klassenkameradinnen, die zu Hause ein ganzes Elternpaar haben. Nur Evelyns Eltern sind geschieden, aber die darf ihren Vater noch sehen, umarmen und sauer auf ihn sein. Anja versucht, sich das Gesicht des Vaters vorzustellen. Sie denkt an die tiefe Manteltasche, in die sie greifen, und an die Stofffalte, in der sie sich verkriechen konnte und dabei selbst nicht auf den Weg achten musste. *Überleg dir gut, ob du Latein nehmen willst. Latein ist eine tote Sprache*, riet der Vater, als sie am Osterabend in einem holländischen Seebad die dritte Runde um den Leuchtturm drehten, bis der weiße Turm mit dem Sonnenstand rosa geworden war. Gegen den Rat des Vaters wählte sie die tote Sprache, die im Mund des Lehrers lebt, während tot jetzt aber der Vater ist.

Am Tag der Beerdigung hat Anja nach der zweiten Stunde schulfrei. Weiße Schuhe passen nicht so gut, aber sterben ist so teuer, dass da schwarze Schuhe nicht auch noch drin sind. Weil die Mutter keinen Führerschein hat, nehmen sie den Bus. Sie will niemandem zur Last fallen. Es ist kein Problem; sie müssen nur einmal umsteigen und kommen pünktlich an.

Man lebt an keinem Tag so sehr wie zu seinem Begräbnis. Ein Satz, der in ihrem Kopf damals seinen Anfang nahm. Viele sagen wunderbare Worte, die sie dem Vater niemals im Leben gesagt hätten. Doch niemand lässt den Sarg hochleben, nicht dreimal hoch. Alles bricht ab, als es am schönsten ist. Vorbei die gebuchte Zeit. Draußen weht ein leichter Wind, der die ungebührliche Hitze drosselt. Staubige Büsche säumen den kurzen Weg zum Grab. Die Tochter will sehen, wie tief das Loch ist, in das der Vater versenkt werden soll, und steht einem der Sargträger im Weg, sodass er ihr versehentlich auf den weißen Schuh tritt. Als der Sarg herabgelassen wird, stehen alle eine Weile ratlos darum herum. Da will der Bruder plötzlich zu trinken haben. Endlich hat Anja einen Grund, ihr Lachen loszuwerden, das mit den Kränzen und Chrysanthemen ins Grab fällt. Dabei spürt sie das Falkenauge des Patenonkels auf sich gerichtet. Aber als sie sich ihm erklären will, windet sich der einfach geglaubte Weg von den Gedanken zu den Worten so, dass er sich mit keinem Satz glätten lässt.

Nach dem Kaffeetrinken haben die Männer die schwarzen Anzugjacken ausgezogen und die Ärmel der gestärkten weißen Hemden hochgekrempelt. Einige halten Cognacschwenker in der Hand, die von der Kellnerin nachgefüllt werden. Die Frauen sitzen schweigsamer beisammen und schielen auf die Männer.

Nach dem Kaffeetrinken gehen sie zu dritt zu Fuß nach Hause und dehnen den Rückweg, wie man Wege dehnt, wenn man die Ankunft scheut. Die Wohnung sieht nicht mehr wie am Morgen nach einem Aufbruch, sondern nach einem Abbruch aus. Als beginne erst jetzt das Leben mit dem Tod in vollem Ernst.

In der nächsten Zeit aber schauen noch viele nach dem Rechten. Sie sitzen im Wohnzimmer und reden in Konjunktivsätzen. *Hätte er nicht so viel geraucht*, sagen sie. *Hätte er doch weniger Stress gehabt.* Die Geschwister stehen an der Tür und lauschen. Manchmal auch halten sie sich die Ohren zu. Später kündigen Freunde und Verwandte die Besuche nur noch an und die Familie wartet am Samstagnachmittag neben dem gedeckten Kaffeetisch. Die Kinder beugen sich aus dem Fenster und laufen auf die Straße, um das erwartete Auto zu erspähen. *Wir rufen nicht an*, sagt die Mutter. Dann essen sie den Kuchen zu dritt und gewöhnen sich daran, nur der Rest eines Ganzen zu sein. Bald wird kein Kuchen mehr vergeblich gebacken und kein Kaffeetisch mehr gedeckt. Jeder hat mit sich selbst genug zu tun. Anja will niemals lernen, nicht mehr zu warten und mit sich selbst genug zu tun haben.

An einem Samstagmittag keucht doch unerwartet ein Besucher die Treppe hoch. Er kommt von der Friedhofsverwaltung, denn die Blumenschale auf dem Grab entspricht nicht den Normgrößen für Grabgefäße. Auch Tote brauchen ein Maß. Dem Mann tut es um die Schale Leid und er hilft bei ihrem Entfernen. Sie wird nach Hause gefahren, auf den Balkon gesetzt und mit Stiefmütterchen bepflanzt.

Der Friedhof liegt am äußersten Rand der Stadt. Die Spaziergänge sind Halbtagesausflüge. Anja pirscht durch die Gräberreihen und erforscht die Namen und Daten auf den Steinen, die aber ohne Bilder und Worte der Toten sind. Da nimmt sie die Sache selbst in die Hand, teilt den Gestorbenen Rollen zu und lässt sie auferstehen. Jetzt wird der Tod auf einmal gemütlich. *Was tust du da*, fragt die Mutter.

Schmerz, der sich staut, verleiht keine anmutigen Züge. Das dicklich werdende Gesicht des Mädchens zeigt den anderen, dass sie außerhalb seines Wissens stehen. Die Akne eitert den einen Schmerz heraus, während ein neuer entsteht, der sich unsichtbar in das Gewebe des Lebens hineinfrisst. Der Tod lauert auf dem Schulweg des Bruders ebenso wie an den Abenden, an denen die Mutter nicht daheim ist. Jahrzehnte später noch holt er plötzlich unerwartet aus. Lässt den Paternoster haltlos in die Tiefe rasen. Ballt sich in der Kehle zum Schrei zusammen, der sich unhörbar über das lachende Publikum ergießt. Der Vater selbst bleibt hinter ihm verborgen.

Das Jahr geht. Der Religionslehrer entdeckt beim Einsammeln der Hefte nach Himmelfahrt, dass Jana Jordan Todesanzeigen von Unfallopfern aus Zeitungen ausschneidet und in ihr Heft klebt. Die auf der Konferenz versammelten Pädagogen vermuten einen Zusammenhang mit dem Tod des Vaters. Trotzdem. Kopfschüttelnd wird hinter Gleitsichtbrillen die gymnasiale Eignung durchgeblättert. *Fünf in Mathematik, Englisch und Religion. Klarer Fall. Man täte dem Mädchen keinen Gefallen.* Die Pädagogen nicken im Einvernehmen. Jemand bringt im Jahre sieben nach PISA internationale Vergleichsmaßstäbe ins Spiel. *Aber,* sagt die Deutschlehrerin, aber, bis ihre Gegenrede von begradigten Wahrheiten gekappt wird. Die Bemessungsgrundlage ein Indikativ, der sich durch Ziffern ausweist. Andere Möglichkeitsformen gelöscht.

Der Raum ist beengt, die Luft verbraucht, doch wenn man die Fenster öffnet, stört das Rattern der Skateboards auf dem Schulhof. Man muss immer sehen, dass man durchkommt.

Die Schrägversetzung erfolgt formgerecht. Und aus dem Nebenzimmer dringt der Geruch von abgestandenem Kaffee.

Nachtkerzen

Auf der hellen Wohnzimmertapete spielt das Licht frühabendlicher Sommersonne. Dein jüngster Enkel erobert sich einen neuen Blick auf die Welt, den vielleicht einzigen Perspektivwechsel, den ein Mensch im Laufe des Lebens bewältigt. Jauchzend stolpert er zur Wand, will die Lichtflecken fangen, fällt und richtet sich unverzagt wieder auf. Noch einmal lasse ich mich in das Paradies der einfachen Dinge entführen, die zu übersehen ich längst gelernt hatte. Die Möbel sind von der guten Laune des Kleinen poliert und das ganze Zimmer liegt in seinem Zauberbann. Du aber bleibst nebenan. Als ich in der Küche den Brei für das Abendessen zubereite, kommst du wie ein zager Zaungast und bleibst an der Tür stehen. *Muss der Kleine nicht ins Bett*, fragst du und ich spüre, wie du deine Ungeduld zügelst. Als müsse jetzt alles schnell zu Ende gehen. *Bald*, antworte ich mit jener gedämpften Stimme, mit der wir seit der Diagnose verkehren. *Es kommt nicht auf die Minute an.*

Der Kleine hingegen steuert auf dich zu und jauchzt; er sieht dich, nicht deinen Krebs; hemmungslos rempelt er deinen unsichtbar versehrten Körper an und lacht. Als er spürt, dass er dich nicht zu fassen bekommt, jagt er dem großen Schatten von dir nach, den die Abendsonne auf die weiße Raufaser wirft. Ein, wie es scheint, schier unbegreifliches Phänomen, dein Schatten.

Ich kann verstehen, wenn dir das Jauchzen zu laut ist; Lachen kann grausam laut sein und das Fest des Lebens wehtun.

Als ich den Jungen dann auf den Hochstuhl setze, er mit dem Löffel auf seinen Mund zielt und stolz einen Teil der Portion hineinbekommt, sagst du: *Wie beneidenswert, einen solchen Appetit zu haben!* Der Kleine leert seinen Teller, ohne das Glück seines gesunden Appetits zu verstehen. Im Gegenteil: Er macht soeben die Erfahrung, dass alles Gute irgendwann sein Ende hat. Der Glückliche brüllt. *Man müsste noch mal Kind sein, noch einmal von vorne anfangen können*, beharrst du weiter. Da schnappe ich mir mein brüllendes Kind, um hinauf zur Wickelkommode zu gehen. Unwirsch ziehe ich an der Windel und schrubbe mit unnötiger Heftigkeit den Po sauber. Nachdem ich die Strophen von „Der Mond ist aufgegangen" gesungen, dabei in die noch nicht untergegangene Sonne geblinzelt und schließlich mit „und unsern kranken Nachbarn auch" geendet habe, fühle ich mich bereiter für dich.

Du siehst mich nicht an, als ich die Treppe herunterkomme. Es täte mir besser, wenn dein Blick nicht das Niemandsland der Wand träfe, sondern mein zerrissenes Gesicht. Vielleicht könnte ich dann zu dir gehen, meine Hand auf deinen Leib legen, auf den Schmarotzer deines Lebensabends, und könnte wie einer Schwangeren in die Freude dir in deine Trauer folgen. In unser beider Trauer.

Fünf vor acht. In fünf Minuten wird die alte Standuhr erst vier – dann achtmal den sanften Fluss der Zeit zerschneiden, synchron zu den Klängen der Tagesschauankündigung. Schon orientierst du dich an deiner Funkuhr, vergleichst die Zeiten und bestätigst dir routinemäßig die Zählebigkeit des Standuhrwerks in der dritten Generation. Tadellos.

Sollen wir uns nicht in den Garten setzen, schlage ich vor. *Heute Abend sind wir ganz unter uns.* Du aber suchst die Fernbedienung. Nebeneinander sehen wir die Tagesschau. Über der Ostukraine ist am Vortag ein Passagierflugzeug der Malaysia Airlines abgestürzt. Flug MH17. Keiner der 298 Passagiere hat überlebt. Ist es versehentlich abgeschossen worden? Fühlst du dich durch solche Nachrichten in die große Notgemeinschaft der Erde eingebunden? Zum Schluss ein Hinweis auf einen Nachruf auf Nadine Gordimer, die im Alter von neunzig Jahren gestorben ist. Freud oder Leid? Du bist nicht einmal ganz achtzig. *Neunzig Jahre, ein schönes Alter,* sagst du. *Und mein Vetter ist sogar siebenundneunzig und nicht totzukriegen, obwohl er raucht wie ein Schlot.* Deine Worte sind Gegenwind zu meinen Gefühlen, die stets in deine Richtung wehen. *Willst du Hugo tot*? frage ich aber nicht. *Hast du gesehen*, lenke ich stattdessen ab, *wie viele Knospen die Nachtkerzen haben? Jetzt, nach Sonnenuntergang, springen sie auf, eine nach der anderen. Sie brauchen die Dunkelheit.* Vielleicht könnte ich dir draußen in den warmen Inseln der Dämmerung den Satz sagen, der immer bei mir ist: dass du mir sehr fehlen wirst. Im Schein des Abendlichts sieht dein Gesicht schön aus. Das wäre ein guter Moment für ein Foto. Ein Erinnerungsbild von jetzt, wo die Krankheit dich noch nicht so gezeichnet hat. Aber die Stimmung flirrt gegen ein Foto.

Das Wetter von morgen haben wir gerade verpasst. Du zappst ein bisschen herum und holst uns schließlich mit praller Lebenskraft ausgestattete Quizmenschen ins Wohnzimmer. Du kannst sogar lachen, ein bisschen metallisch, ein bisschen nicht-ganz-du. Mit einem Mal aber schaltest du die Fröhlichkeit ab; du musst schlafen, sagst du, als sei es eine an mich gerichtete Mahnung. Eigentlich hast du etwas Anderes auf der Zunge, das du erst herausbringst, als du schon zwischen Tür und Angel stehst: *Ihr habt es gut, ihr habt noch Hoffnung.*

Jetzt werde ich maßlos in meinen Ansprüchen an dein Sterben; unzumutbare Sätze toben sich hinter meiner Stirn aus. Das, worauf wir Hoffnung haben, hast du längst gewonnen für dein altes, schönes Gesicht, in das sich die Falten so eingegraben haben, wie ich sie liebe. Gewonnen für deinen erfahrenen Blick, der mich oft getröstet hat, für die Fülle deiner Worte, von denen mir viele bleiben werden.

Wenig später stehe ich mit einem Strauß Nachtkerzen und Rosen vor deiner Tür und habe Angst vor deinem Spott. Als ich die Tür zögernd öffne, formt dein Gesicht aber ein Lächeln wie gegen einen tief verinnerlichten Widerstand, zaghaft zunächst, als würde das Herz wollen, der Mund sich aber sperren. Nur deine Augen zeigen, dass wir uns gefunden haben an diesem Abend, an einem der abzuzählenden Vorabende deines letzten, endgültigen Schlafs.

Das Himmelbett

Fremd und abfahrbereit wie in einem Hotelzimmer unterster Kategorie, in dem man nicht bleiben möchte, lehnt sie an der Bettkante. Kann sich weder zum Stehen noch zum Sitzen oder Liegen entscheiden. Die in tiefen Höhlen liegenden Augen irren rat- und rastlos umher, finden keinen Punkt, an dem sie ruhen. Das Zimmer sieht aus, als habe der Tag verschlafen. Das Bettzeug von unruhigem Traum durchwühlt. Auf dem kleinen, zum Essen eigentlich zu niedrigen Tisch zeugen eine halb geleerte Tasse Tee und ein angeknabbertes Gebäck von der Appetitlosigkeit, mit der sie versucht hat, den Morgen zu sich zu nehmen. Weit nach der offiziellen Frühstückszeit. Das Leben geschrumpft auf Bett, Tisch, Sessel, Schrank und weiße Tapeten; die vergangenen Jahrzehnte getilgt von leeren Lebensblättern mit ein paar Fotografien. Im Bumerangeffekt schlägt die Stille von Wand zu Wand.

Unschlüssig stehe ich in dem Zimmer mit den zusammengepferchten Möbeln herum. Weiß nicht, ob sie mich erkennt. Aus Verlegenheit werfe ich einen Blick auf die Familienfotos an der Wand. Karl ist seit vier Jahrzehnten tot. Solange er lebte, führten sie keine glückliche Ehe. Abend für Abend saß er vor dem Fernseher, trank Bier, rauchte pausenlos. Wie Trauerflor lagerte der Tabakqualm über der verlorenen Heimat, seinem wichtigsten Thema.

Auch die Porträts der Kinder, Enkel und Urenkel hängen an der Wand. Und die der Angeheirateten, obwohl sie stets die falschen gewesen sind. Wir hängen da nicht. Wir leben ja in dieser Stadt. Und ich bin nicht ihr leibliches Kind. Zumindest war sie nie mit mir schwanger. Doch immer war sie meine Mutter. Mehr als Karl mein Vater. Sie war 43 Jahre, als ich in die Familie kam. Damals hatte ich oft Angst, sie würde auf der Stelle tot umfallen.

War ich es gewesen, die sie hatte alt werden lassen? Besonders sorgten mich die Beulen an ihren Beinen. Auch stellte ich einen diffusen Zusammenhang zwischen den blauen Beinen und dem blauen Dunst im Wohnzimmer her. Als ich zwölf war, ließ sie ein Urlaub an der See plötzlich jung werden. Wir waren ohne Karl. Sie trug Hosen, hatte die Blusenärmel hochgekrempelt und ein buntes Kopftuch im Nacken zusammengeknotet. Himmel und Meer standen als blaue Wand über dem Land. Meine Mutter mit den verzweifelten Beinen radelte über Pfade und Deiche, baute Sandburgen mit Muschelmosaiken und brachte frischen Seewind in unser Appartement.

Zu Hause wurde sie wieder alt. Bis Karl plötzlich starb. Nach seinem Tod, als kein „*Tor, Tor!*“ mehr den Nachmittag zerbrüllte und die Wohnung nicht nach Bier und Zigaretten roch, wurde die Ehe glücklich. Besonders gegenüber Fremden, die ihn und sie mit ihm nie gekannt hatten, mutierte er zum Mann ihrer Träume. Schon wenn sie ihn als ‚mein verstorbener Mann' bezeichnete, verlieh sie ihm postum eine Seriosität, die sie ihm zu Lebzeiten nie hatte zuteilwerden lassen. Auch galt es plötzlich, Karls bis dahin von niemandem gewürdigte Fähigkeit des Autofahrens nachzueifern. Mit Mitte Fünfzig hielt sie den Führerschein in der Hand, suchte sich eine Stelle in einer Buchhandlung und arbeitete sich gar in englische Ausspracheregeln ein, die sie im Übereifer bisweilen auch auf deutsche Autoren übertrug. Sie kleidete sich bewusster, trug Hosen und richtete ihre Haare zu einer Frisur. Nicht, dass sie nach einem Mann Ausschau hielt. Sie wollte sich die Würde der Witwe jenes Mannes geben, den sie kreierte.

Willst du ein Brötchen, fragt sie und deutet auf den Frühstückstisch. Ich lehne ab. Wir sagen meistens ‚nein', wenn wir es gut miteinander meinen. Schon früher tischte sie mir ihre Liebe als Bienenstich, Erdbeertorte und

Frankfurter Kranz auf. Wenn ich sagte, ich müsse auf mein Gewicht achten, ging sie zum Kühlschrank. *Iss danach einen Joghurt*, sagte sie, *dann setzt der Kuchen nicht an*. Eine Widerrede duldete sie nie. Das Alter schien sie von Jahrzehnt zu Jahrzehnt zu verjüngen. Sodass ich ihre Sterblichkeit beinahe vergaß. Es ist noch nicht so lange her, dass sie wirklich alt geworden ist.

Ich mag nicht in dem Zimmer sein und schlage vor, in den Garten zu gehen. Es ist gut, auf einem Weg zu sein. Damit ist sie sogar einverstanden. Der Gang riecht nach desinfizierter Freundlichkeit.

Wer ist das? Sie deutet auf Klaus, als ob ein Fremder uns bedrohlich verfolge. *Klaus, mein Mann*, sage ich. Sie mustert ihn mit strengem Blick. *Ach so*, sagt sie enttäuscht, *dann bist du ja verheiratet. Ich war nie verheiratet*, behauptet sie ein paar Meter weiter im Brustton der Überzeugung. *Doch*, sage ich, *das warst du. Nein*, widerspricht sie, *so etwas Dummes hätte ich nicht getan*. Vielleicht, denke ich, sind Wahrheiten im Gehirn geschichtet, ist die Liebe zu Karl, an die sie so lange geglaubt hat, jetzt abgetragen, steht eine neue Wahrheit an. Dass sie ihn nicht erkennt, finde ich Klaus gegenüber ungerecht. Schließlich hat er erst vor einem Jahr den Umzug hierher organisiert. Ich beginne davon zu erzählen. *Lass*, sagt Klaus, *ist doch egal*. Ist mir nicht egal. Die an der Wand liebgehabten Kinder sind fortgezogen aus dieser Stadt. Wir sind geblieben. *Hast du Kinder*? fragt sie. Ich spreche von Judith und Lydia. Aber eigentlich will sie nichts von ihnen wissen. Sie ist noch gut zu Fuß. Mit Schwung schiebt sie den Rollator vor sich her, sodass wir schneller vorankommen, als mir lieb ist.

Im sonnengetränkten Garten sucht sie nach einer schattigen Ecke, denn Licht tut ihren Augen weh. Hier riecht es immerhin nicht nach Desinfektionsmittel. Im Gegenteil: Es stinkt nach Giersch, der sich wie ein Geschwür an der Hecke entlangzieht. Wir sitzen und schweigen. Um uns herum all die alten Menschen, deren Leben im Abzählvers zu Ende geht. Jeder für sich erstarrt in seelischer Obdachlosigkeit. Gedanken, für die ich mich schäme.

Sie blickt in weite Ferne. In der ihr eigenen Bezugslosigkeit zu allen und allem. *Ich hatte wohl auch Kinder*, versucht sie sich zu erinnern. Sie benutzt die Vergangenheitsform. *Zwei*, ergänzt sie nach langem Überlegen. *Drei*, korrigiere ich. Von einem dritten will sie nichts wissen. *Jürgen und* – wieder macht sie eine Pause und versucht, sich zu konzentrieren – *Sabine. Und mich*, ergänze ich und spüre meine Unsicherheit. Fragend blickt sie mich an. *Mich, Katrin*, sage ich. *Nein*, beharrt sie starrsinnig. Die Verneinung trifft mich wie ein Schlag. Das Gedächtnis ist nicht parteiisch. Dann aber behauptet sie plötzlich, Katrin sei ihre Mutter. Das beruhigt mich beinahe, obwohl sie zornig ergänzt, dass Katrin ihr alles verbiete. Als ich sie wieder zu korrigieren beginne, fasst Klaus mich am Arm. Er hat Recht. Vielleicht will ich sie für die Himmelspforte, an die sie glaubt, salonfähig machen. Plötzlich steht sie auf. *Ich muss mich beeilen*, sagt sie. *Der Bus fährt um eins. Welcher Bus*? frage ich entsetzt. Auch bin ich überrascht, dass sie die zeitliche Orientierung hat. *Wohin willst du denn fahren*? frage ich. *Zum lieben Gott*, antwortet sie. Das Thema finde ich heikel und gehe nicht weiter darauf ein.

Er hat mich vergessen, sagt sie. Erst leise. Dann steht sie auf und ruft aufgebracht den Satz in den Garten hinaus, sodass all die alten Leutchen aufschrecken aus ihrem schütteren Frieden. *Der liebe Gott hat mich vergessen*! Sanft versuche ich, sie zum Sitzen zu bewegen. *Er will mich nicht mehr*! Ein paar Krähen krächzen. Tränen fließen über die wachsbleichen Wangen. In all ihrer Gebrechlichkeit steht sie vor mir und krampft sich am Rollator fest. Das Schluchzen schüttelt den schmächtig gewordenen Leib. Sie will zurück. In allzu gleichen Abständen segmentieren die Zimmertüren, vor denen sie je einen Moment verweilt, den sterilen Gang. Auf halbem Weg bleibt sie stehen und fragt laut: *Wie alt bin ich eigentlich? 94*, antworte ich. Weiß nicht einmal, ob die Frage an mich gerichtet ist. *94*, wiederholt sie empört und hört nicht auf, den Kopf zu schütteln. *Jetzt bin ich zu alt zum Sterben!* Sanft führe ich sie ins Zimmer und rede ihr gut zu, sodass sie schnell einschläft.

Kurz vor Mitternacht aber reißt uns der schrille Ton des Telefons aus dem gerade gewonnenen Schlaf. *Nein*, sage ich, *bei uns ist sie nicht.* Sollte sie tatsächlich zur Haltestelle gegangen und in einen Bus gestiegen sein? Doch als wir im Heim ankommen, ist sie bereits in ihrem Zimmer. Pflegerinnen haben sie in Bademantel und Schlappen an der Haltestelle gefunden und gegen ihren heftigen Widerstand zurückgebracht. Der Bus hat doch nur Verspätung, habe sie immer wiederholt.

Der Atem geht schwer. Zitternd lehnt sie wie am Vormittag an der Bettkante und weigert sich beharrlich, sich hinzulegen. Als sei der letzte Weg nur im Stehen zu bewältigen. Als dulde sie keinen Aufschub mehr. Immer wieder rutscht sie ab, sodass Klaus und ich sie halten müssen, bis der Rettungswagen kommt. Mit mir ist sie böse und vermutet einen Komplott. *Ich war schon auf dem Weg*, klagt sie mit klappernden Zähnen und wirft mir tadelnde Blicke zu.

Im Rettungswagen sitze ich neben ihr. Mit einem Mal formt ihr Mund stockend zwei Worte. *Mein Himmelbett*, sagt sie. Sie wird unheimlich ruhig. Und es ist, als husche ein Lächeln über ihr Gesicht. Der Rettungsassistent drängt mich zur Seite. Forscht angestrengt nach Lebenszeichen. Auf den Einsatz von Instrumenten aber verzichtet er. *Sie ist angekommen*, sagt er leise.

Warteschleife

Landeanflug. Verbunden mit jener Erwartung, die alle Anfänge pulsieren lässt. Rasch verlieren wir an Höhe. Minuten, die im Nichts anzusiedeln sind. Doch dann verfälscht sich auf einmal das äußere Bild, deckt sich nicht mehr mit dem inneren, und es sieht gar so aus, als entfernten wir uns wieder vom Landeort. Unter uns jetzt die Wälder einer Mittelgebirgslandschaft, die ich nicht zuordnen kann. Ob Taunus, Riesengebirge oder Sibirien, ich habe die Orientierung verloren.

Es sind die ungewollten Schleifen, die die Verwirrung ausmachen. Dieses Vor und Zurück. Das Versetztwerden an einen unbekannten oder scheinbar bekannten Ort. Nicht da sein zu können zur richtigen Zeit, sondern da sein zu müssen zur Unzeit und nicht steuern zu können. Am schlimmsten wäre das Stehenbleiben. Womöglich mutterseelenallein in der Luft. Schlimmer vielleicht noch als das Fallen.

Es ist lange her: Da ändert sich auf einer Busfahrt durch Lappland plötzlich die Richtung. Sie ändert sich in mir. Gänzlich unerwartet bin ich angekommen, doch aussteigen während der Fahrt, die weißen Berge berühren, warten und prüfen, ob es nur das Licht ist, das sie so märchenhaft anstreicht, das kann ich nicht. Ich bin gebunden an Zeiten, Vereinbarungen, Pläne. Aber das nächste Mal, wenn ich hier bin, werde ich bestimmt anders eingerichtet sein. Und dann werde ich an einem windstillen Tag in einem Boot den Fjord hinaufgleiten und Hochzeit halten. Allein oder ganz zu zweit.

Darauf warte ich schließlich schon seit der Kindheit. Zuerst, denke ich, kommt das kleine Leben und erst nach jahrzehntelangem Hingehaltenwerden das große. Ungeduldig lerne ich weit vor der Zeit die Welt, in die ich hineinwill, aus meinen Pixi-Büchern, an die ich glaube neben dem lieben Gott und die ich auswendig kann. *Ich*, das ist gleichbedeutend mit blonden Zöpfen und schon so groß geworden, obwohl ich immer noch viel zu klein bin für das richtige Leben. Mon chéri und schwarze Herrenschokolade darf ich nicht essen. Statt Eis bekomme ich Sahnewaffeln mit einem Leporello-Schirmchen.

In meiner Not kreiere ich aus Puppen und Teddybären eine eigene Familie und manchmal verlege ich sie auch auf den Zeichenblock; alle bis auf mich male ich sehr schön, denn von mir habe ich die geringste Vorstellung, viel geringer als von dem Leben, das ich leben will, und viel geringer als von den Leuten, mit denen ich leben will. Noch ahne ich nicht, dass das immer so bleiben wird. Weil der Ernst noch nicht beginnen darf und ich zum Spielen verdammt bin, spiel ich, dass ich spiele, und die Erwachsenen glauben mir mein Spiel.

In der Schule lerne ich das Wesentliche: Tausend und abertausend Mal warte ich auf das Klingelzeichen, ein schrilles, aber schönes Zeichen, weil es ein Zeichen für einen Übergang ist. Als ich im neunten Jahr mangelhaft plus bin, bekomme ich eine Zahn- und Kopfspange, um mein Wachstum in geordnete Bahnen zu bringen.

Nur beim Arzt bin *ich* nicht Schulnote, sondern privat, weil mein Vater ein mittlerer Beamter ist; beim Arzt jedenfalls muss ich nicht warten, sondern werde an allen Wartenden vorbeigewunken wie eine Prominente, noch bevor ich richtig dazu gekommen bin, in den Illustrierten zu blättern, die es zu Hause nicht gibt und die wieder vom großen Leben erzählen. Mehr als dem Arzt glaube ich dem Gesundheitsbrockhaus, in dem ich heimlich lese, wenn irgendjemand eine schlimme Krankheit hat; dann sitze ich da und warte panisch auf die ersten Anzeichen. Besonders vor den angeblich nicht ansteckenden habe ich Angst und denke, dass sie sich auf mich übertragen könnten. Doch dann sterbe gar nicht ich, sondern andere, von denen ich es nicht erwartet habe, und daher fühle ich mich schuldig, dass ich das, was sie zum Sterben gebracht hat, vielleicht zu verantworten habe. Aber ein bisschen beneide ich sie auch, die Gestorbenen, denn sie bekommen so schöne Worte in der Zeitungsanzeige und auf der Kanzel. Während sich der frisch geschiedene Kantor an der Orgel flegelt, lasse ich mich konfirmieren; im Stechschritt geht´s zum Abendmahl und mein Gottvertrauen ist einen Tausender wert.

Als die Zeit endlich reif wird für das große Leben, klebt am Spiegel der Eiter ausgedrückter Pickel. Zu Fêten decke ich mich daher mit Lektüre ein und drehe meinen Walkman auf. Und ehe ich mich versehe, sind die Besten weg, denn sie werden früher gefischt von jenen, die keine so schreckliche Angst davor haben, geliebt zu werden. Und so warte ich weiter bei Zugluft und Zwielicht, vergeude meine Langeweile an unzähligen Haltestellen, warte, dass Fahrten beginnen und, sobald sie begonnen haben, endlich zu Ende gehen, weil ich hinter jedem Ende den eigentlichen Anfang vermute und immer glaube, dies sei nur der Vorspann. Wahrscheinlich werde ich garstig vom vielen Warten, denn noch glaube ich, dass Zeit etwas zu Langes und nie etwas zu Kurzes ist.

Selbst die Tanten dritten Grades, die mich auf keiner Straße erkennen würden, lauern darauf, dass mein Leben endlich auf vier Beinen läuft und mit zwei Stimmen spricht. Als ich dem größten aller Worte endlich traue, attribuiere ich es in meinem Leichtsinn gleich mit dem bestimmten Artikel. Die Tage werden auch prall und satt, die Schritte leichter, die Konturen deutlicher, die Worte fester, und ich frage mich, wie ich es bis hierher überhaupt so gänzlich unzuzweit geschafft hab, bis sich der unisone Klang verästelt und ich kapiere, dass ich&du

ungleich 2xich ist. Meine Mutter hat lange schon gesagt, dir kann man es einfach nicht recht machen, und sie kennt mich von allen am besten.

Fortan ist *ich* Familienstand. Wird das Warten kalendarisch. Dann endlich die Ankunft, mit der ich in den siebenten Himmel schnelle, in dem so schön die Geigen spielen. Ab jetzt ist *ich* Hüter des Kindes, der Kinder, eins zwei drei, die so verletzlich sind und sterben könnten vor der Zeit, und *ich* sitzt am Bett und am Tisch und am Spielplatz- und Straßenrand und verhindert Tod. Eigentlich müsste das Warten jetzt aufhören. Doch es gerät auf eine neue Umlaufbahn, wird verbissener und zielt nicht mehr auf Veränderung, sondern auf Besitzstandswahrung. Es ergreift mich der Geiz der Gesättigten und ich lauere auf jeden Störfaktor, der durch irgendwelche nicht abgesicherten Ritzen eindringen könnte in mein Haus, in dem es warm ist und nach Babyöl, Kerzen und gutem Essen riecht.

Jetzt fehlt wirklich nur noch der Porsanger Fjord, doch kann man schließlich nicht alles haben. Immerhin sind wir bei den Möbelhaus-Happenings auf der richtigen Seite, der mit der Family Card; bis dahin habe ich an diesem Ort immer das Gefühl gehabt, unvollständig zu sein. Weil wir den Kindern so schöne Namen gegeben haben, macht es Spaß, sie in der Lautsprecherdurchsage zu hören, wenn wir die Kleinen aus dem Kinderparadies abholen sollen. Zwischendrin können wir uns schnell einigen, wenn es um Gardinenstoffe geht, um Klobürsten, Bilderrahmen und Bettbezüge, und anschließend gibt es für die ganze Familie Köttbullar mit Sahnesoße und Preiselbeeren und wir könnten hier sitzen bleiben und stundenlang Kaffee zum Einheitspreis trinken und wären mit allem Warten fertig.

Als das Glück endgültig übers Ziel hinausschießt, krieg ich Platznot in der Zeit, die zu klein ist für mein zu groß gewordenes Glückhaben. Gern würde ich wieder zurück zu meiner Warteschleife, in der sich´s so bequem träumen ließ, und spielen würde ich auch gern wieder, seit ich es nicht mehr darf. Und während der Stundenzeiger über das Ziffernblatt rast und die Zeit schwindsüchtig wird, bedeutet die Bewegung Stillstand und ich warte, dass sie wieder aufersteht, meine Zeit, irgendwann.

Bevor die Kinder zu Erwachsenen verblassen, bäumen sie sich gewaltig auf. Mein Sinn will mein Sinn nicht mehr sein und die gekreuzten Knochen gehören zum ästhetischen Inventar. Endlich wird die Liebe destilliert von jeder Form von Eigennutz. Nie hab ich so gewartet wie jetzt, Abend für Abend, ein invasives Warten, das die Zeit zersetzt. Der Bewegungsmelder vor der Tür regt sich nicht und die Rettungswagen liegen schon in den letzten Atemzügen. Sei froh, sagen die, die es gut mit mir meinen, ein netter Mann und prächtige Kinder und gesund. Es heißt, wir stürben am Herzinfarkt oder Krebs oder dergleichen, doch in Wahrheit sterben wir an der Liebe, wie wir auch sterben an der Lieblosigkeit. Und rächen wir uns nicht oft für das Gute und laufen dem Bösen nach?

Meine Räume werden zu gefangenen Räumen, keiner kann ausgelassen werden, um in den anderen zu gelangen. *Ich*, das ist jetzt Geschlecht und Alter und Dienstgrad in einer höchst kompliziert zu berechnenden Formel. Ausgestattet mit den besten Wünschen meines Poesiealbums, *vor keinem betteln, vor keinem beben, aufrecht schreiten durchs ganze Leben*, beginne ich zu zahnen; unerwartet wachsen mir bei der Arbeit Stoßzähne, mit denen ich mir aber vor allem auf die eigene Lippe beiße. Dann erfolgt der erste Tod, der plötzliche Mundtod. *Nichts Ungewöhnliches,* sagt der Arzt, *ganz normal für dieses Alter.* Liebesbriefe bekomme ich nun von den Versicherungen, die mich als ihre begehrteste Zielgruppe bezeichnen.

Ich brauch die Atemzüge von ein paar Jahren, bis ich aufwache und mich dabei ertappe, dass ich mich selbst manchmal sogar lieber habe als meine Liebsten, ein Sakrileg, das ich mir nie zugetraut hätte. Lange genug habe ich gewartet und könnte mich jetzt aufmachen zum Porsanger Fjord, aber was in aller Welt soll ich ausgerechnet am Ende der Welt, wo nichts los ist, ich mag gar nicht mehr sein in einer Stille und ohne ein Motorengeräusch, hab´ ich doch jetzt Angst davor, mich zu sehr zu hören. Lieber fliege ich halbzuzweit zu einer griechischen Insel. Zu schön weiß sind die Häuser, weißer noch als die Berge am Porsanger Fjord, und zügig jetten wir von Insel zu Insel, quer durch Abend- und Morgenland, während die Kinder jetzt anderswo geerdet sind. Je weiter ich weg bin, umso näher rücken sie alle. Doch als *ich*, das ist jetzt: streunender Sinnsucher, beinahe obdachlos bin, lege ich den Rückwärtsgang ein, um endlich da anzukommen, wo nie gewesen bin. Erinnerungen lassen sich gut dekorieren. Gern schaue ich mir Familienalben an, auf Fotos sind Familien sich am nächsten und am fröhlichsten.

Und während unser Flugzeug inzwischen auf einer niedrigeren Bahn kreist und die Konturen deutlicher werden, fällt mir ein, wie ich als Kind spätabends mit der Gießkanne auf dem Balkon stehe. Der Schein der Balkonlampe erfasst die üppig blühenden Petunien und Geranien. Ich bin vielleicht sieben oder acht oder auch ohne ein Alter. Wofür braucht man ein Alter, wenn der Abend in einer warmen Schale liegt und buntes Licht über dem Horizont siedelt. In der dunkelnden Tiefebene gleißt ein langes Band, der Rhein, sieh nur, wie schön, sagen meine Eltern oft. An jenem Abend zieht am Himmel ein Flugzeug langsam seine Bahn. In der Luft ein leiser Ton, als ob die Flügel ein bisschen am Himmel schrammten, und da bin ich für einen Moment ganz da in dieser Messe und frei von allen Wünschen.

Jenes Flugzeug ist gewiss auch in eine Warteschleife geraten und hat am Abendhimmel eine Fermate gespielt. Plötzlich frag´ich mich, ob ich den Landeort nicht längst kenne und er nur, da ich aus einer anderen Richtung komme, anders aussieht als in meiner Erinnerung. Frage mich, ob es damals, vor ein paar Jahrzehnten, vielleicht nicht mehr als ein paar Schritte gewesen wären, ihn zu erreichen und ich meine Zeit nicht an das Warten hätte verlieren müssen. Und, ganz zögernd, frage ich mich auch, was ich dadurch gewonnen hätte. Denn nichts Anderes will ich als noch hundert Jahre bleiben in meiner Warteschleife.

erfährt Dörfler von dem Projekt, während der Chef lässig die Liftmechanik seines Drehstuhls betätigt. Ohne Sorge, dass Dörfler etwas zu Fall bringen könnte. Während der den Plan nur ganz allmählich zu fassen beginnt, spinnt der Chef, der das Ende gern an den Anfang stellt, bereits die Fäden der Zukunft. Zwei Jahre, vielleicht sogar drei oder vier, zumal noch in ganzen Stadtteilen die sanitären Anschlusssysteme fehlten. Ganz zu schweigen vom ländlichen Raum… Plötzlich unterbricht er seinen Redefluss und sieht Dörfler forschend an. *Jetzt hat er mich,* denkt Urban, obwohl sein Gesicht im Verbergen geübt ist. Und wirklich, auf einmal beschwichtigt der Chef dort, wo Urban ohne Sorge war, und spricht von stabilisierter Lage, eingehaltener Waffenruhe und aufgehobener Ausgangssperre. Kein Grund zur Beunruhigung. *Natürlich nicht,* pflichtet Dörfler ihm bei, während seinen Gedanken Flügel wachsen und sie da landen, wo nichts ist: im luftleeren Raum.

Tags darauf die Hiobsbotschaft der Sekretärin: *Nächtlicher Stopoverflug (mit einer dubiosen Airline, denkt Urban). Alles andere ausgebucht.* Er sagt sich, dass es, wenn man nicht fliegt, unerheblich ist, mit welcher Fluggesellschaft man hätte fliegen sollen. Nur muss die Erkrankung glaubhaft wirken. Wie stünde er da, gerade er, wenn gemunkelt und gemutmaßt würde.

Nachts aber ködert ihn das Projekt: Trinkwassertrassen, Eindämmung von Krankheiten, Seuchen und Tod. Verschlungen zwischen Müdigkeit und Traum geraten Urbans Gedanken auf eine sich selbst steuernde Umlaufbahn. Er klammert sich an seinen Schleudersitz.

Am Tag des Abflugs zieht er vor dem Spiegelschrank im Badezimmer sorgfältig seinen Scheitel, weiß er doch, wie viel für den weiteren Verlauf des Tages davon abhängt, von welchem Punkt aus am Morgen der Scheitel gezogen worden ist. Heute hat er Schwierigkeiten, den Punkt zu orten, beginnt einige Male zu weit links oder rechts und verwirrt seinen nicht mehr üppigen Haarschopf immer wieder aufs Neue.

Das vertraute Surren der Kaffeemühle beweist, dass der Tag funktioniert. Doch möchte er die Wachheit lieber nicht überdehnen, gießt statt des Kaffees einen Melissentee auf, bügelt Unterwäsche und wässert die Kakteen. Zu essen vermag er kaum. Wehmütig betrachtet er die Glaskanne auf dem Stövchen, in der der Tee bernsteinfarben schimmert, und das Spiel des Kerzenlichts auf der Birkenholzplatte. Nach wiederholtem Aus- und Einpacken ist es vielleicht das am Vortag gekaufte Hemd, das seinen Entschluss besiegelt. Als übertrüge sich etwas von der Festigkeit des faltenlosen Stoffes auf ihn selbst. Er bestellt ein Taxi, lässt kurzerhand alles hinter sich und dreht den Schlüssel bis zum Anschlag des Barts.

Im Intercity beginnen Stunden, die leichter zu bedienen sind. Das Unterwegssein lässt Urban mehr und mehr zu Dörfler werden. Die Sicherheitsbeamten auf dem Frankfurter Flughafen wie die Kassiererin im Dutyfree-Shop, in dem er noch einen Deostift kauft, sind von einer Aura der Bedeutsamkeit umgeben. Kurz führt ihn das Wort in Versuchung, dutyfree, welch verlockende Metapher; dann ruft er sich zur Räson. Die mittleren Lebensjahrzehnte lassen für Metaphern keinen Raum.

Fließband und Gangway vereiteln jedes Zurück. Eine etwas zu adrette Stewardess bietet Zeitungen an: die Printfassung jener Welt, von der er im Begriff ist abzuheben. Urban verwirrt die Gegenläufigkeit, bevor er sich je eine deutsch- und englischsprachige Zeitung nimmt. Noch einmal bäumt sich der bodenständige Instinkt auf; dann folgt der Ernst den Spielregeln. *Lifebelts under your seat. For your comfort.* Videoclip im Zeichentrick: Im Notfall über die Rutsche. Schwuppdiwupp. Wie aus dem Ei gepellt schließen die Paare einander frohgemut in die Arme, als sie unverletzt am Boden ankommen. Jetzt das Tosen der Reibung, das Toben im Kopf, der Tod eine Valenz dieses Vorgangs, unwahrscheinlich wie der Gewinn des Jackpots. Panische Vorfreude im Moment des Abhebens. Dann übernehmen die Stewardessen die Regie. Ihr Lächeln wird zur Droge. Sobald Dörfler die Lichter aus jenem Abstand heraus sieht, der ein deutliches Muster zeichnet, gibt der Feind nach. Die beidseitige Unerreichbarkeit lässt ihn ruhig werden. Das weiß er zwar, aber er glaubt sich jedes Mal aufs Neue nicht.

Vor der Pantryküche verspricht das Klappern des Geschirrs eine baldige Mahlzeit. Er befreit sich von der Anzugsjacke, krempelt die Hemdsärmel hoch und lehnt sich entspannt zurück. Gerne zöge er sich Hausschuhe an. Als Mann von Welt lässt er sich nun einen Wein kommen, um mit Bruder Feind anzustoßen, getrennt durch ein wattiges Bett, das sich zwischen Erde und Dörfler und die Achsen des Bösen und Guten schiebt und in eine flauschige Geborgenheit einlullt. Schlafen wird er in dieser Nacht natürlich nicht, sondern alle Unwägbarkeiten gewissenhaft bewachen. Und wenn es nur mit einem Auge ist.

Sekundenlang ein Anflug von Panik, als ihn mitten im Tiefschlaf Licht attackiert, doch gleich die Entwarnung. Es wird nur die Zwischenlandung vorbereitet. Sein Blick schweift auf nächtliches Bergland. Der Mond hebt die Schneefelder aus der Tiefe. Spärlich funkelnde Lichter weit voneinander liegender Dörfer und Gehöfte schicken Morsezeichen ins All. Vereinzelt zeichnet ein kriechender Schein Spuren von Serpentinen nach. Daneben Gegenden, die in ihrem Innern vielleicht von noch keinem Menschen betreten wurden.

Beim Anflug zur Zwischenlandung in Karachi kehren die Maße zurück, die an die Erde gebunden sind. Der abrupte Bremsvorgang versetzt Urban in jene Unruhe, die von jeder sich einstellenden Unbeweglichkeit ausgeht. Mit zugeknöpften Kaftanen und lose herabhängenden Schalkopftüchern zittert das Bodenpersonal in der Kälte, während die Maschine aufgetankt wird. Der Atem der gähnenden Männer modelliert weiße Wolken. Im Osten schummert der Himmel über dem Horizont, löst sich der Morgen im Scherenschnitt aus der Nacht. Ein werdender Tag, zwanzigtausend Mal erlebt. Doch nach abertausendundeiner Nacht neu entdeckt. Pünktlich der Gongschlag des Sonnenballs über der Steppe, blassrot, fremd und schön. Die zunehmende Lichtfülle gibt dem Tag Farben und lässt an den Hecken rote Blüten aufgehen. Unbekümmert genießt Urban die gewonnene Erdung, bis sich plötzlich der Feind zurückmeldet, als ein neuer Fluggast den freien Platz neben ihm ansteuert. Unstet läuft der arabisch gekleidete Mann, nachdem er eine karminrote Krapplacktasche auf den Sitz gestellt hat, durch den Gang und verschwindet auf der Toilette, statt sich zu setzen.

Um sich abzulenken, nimmt Urban eine der gestrigen Zeitungen zur Hand, überfliegt die Headlines und entdeckt, wie von Geisterhand geführt, einen Bericht über Radikalislamisten, die im Fadenkreuz der Ermittler stehen.

Als die Passagiere ihre Plätze wieder einnehmen sollen, ist der Nachbar mit seiner Notdurft noch nicht fertig. Unaufhaltsam rollt die Maschine auf die Startbahn. Schließlich eilt eine der Stewardessen zur Toilette und klopft. Klopft resoluter, bis im Türspalt ein gelbgesichtiger Mann zum Vorschein kommt. Mit unbeugsamem Lächeln fasst sie ihn am Arm und geleitet ihn zum Platz. Der Täter, gestützt von seinem Opfer. Urban weiß nicht, ob er ein ähnliches Gemälde in einem Museum gesehen hat oder ob es ein Bild ist, das noch zu seinem Maler finden muss. Vergeblich die Hoffnung, der Vogel möge zur flugunfähigen Dronte werden. Tadellos hebt er ab. Schweißnass des Nachbarn Stirn, in planlosem Bewegungsdrang die feingliedrigen Hände. Dass er nett aussieht, bedeutet rein gar nichts. Viele, die etwas im Schilde führen, sehen nett aus. Das einzig Beruhigende ist die Angst des Mannes. Nach einer Weile nimmt der, immer noch zitternd, Papiere aus seiner Krapplacktasche, der Urbans Argwohn gilt, legt sie auf seinen Schoß und studiert sie. Da erkennt Urban die Unterlagen für sein Projekt. Sprach der Chef nicht von einem arabischen Experten, der das Team beraten werde? Scham erhitzt Urbans Gesicht. Still für sich leistet er Abbitte, lächelt den Mann scheu an und blickt dann aus dem Fenster. Wolkenschiffe stempeln Schatteninseln auf die Erde, hart begrenzt von flutendem Licht. Die Entschiedenheit der Landschaft besticht. Irgendwie ist er erstaunt, wie harmlos der mittlere Osten von oben aussieht. Dass sich gebeutelte Gebiete etwas wie Landschaft leisten können. Ein dummer Gedanke, den er schnell wieder verwirft. Abdrücke eines verästelten Gefäßsystems auf graubraun marmorierten Böden werden von grünen Ufern gesäumt. Allmählich geht die Wüste in kultivierte Landschaft über. In Baumwoll- und Reisfelder, Hütten, Villen, Paläste und Tempel zum Monopolyspielen.

Als am Horizont ein lang gestreckter, mäßig imposanter Zackenkamm sichtbar wird, steht in den Gesichtern der Passagiere ein Fragezeichen. Urban Dörfler, der alte Flughase, blickt beiläufig von seiner Lektüre auf. *Aber ja*, sagt er, *er ist es*. Sofort tritt andächtige Stille ein, durchschnitten vom Klicken der Kameraauslöser. Im Zeitlupentempo gleitet der Flugkörper an der Gebirgskette des Himalajas vorbei, dessen Silhouette wie eine

Herzkurve im Himmel schwebt. Kaum kann Urban glauben, dass die Luft unter ihm lebensfeindlich kalt und dünn ist, während er hier warm sitzt und mühelos atmet. Kaum glauben, dass die Gipfel doppelt so hoch wie die Alpen sind. Die Höhe, die jetzt eine Tiefe ist, sieht er nicht. Schnee hat sich von den Steilhängen in die Mulden geschoben, sodass der weiße Flaum auf dem Felsen ein Tarnmuster bildet. Vielleicht ist es mit der göttlichen Perspektive ebenso. Vielleicht ebnet der himmlische Abstand Verwerfungen und Verwerfliches ein. Beflügelt blickt er gen Osten. Ein verloren geglaubtes Gefühl stellt sich ein. Umfasst den Sitznachbarn. Seine Sekretärin, weit weg in einer anderen Welt, selbst seinen Chef. Am liebsten schriebe er ihnen aus heiterem Himmel eine Ansichtskarte.

Heimat-Kunden

Die deutsche Grenze liegt unsichtbar im Einerlei einer eingedunkelten Welthälfte. Als sei Passau ein Vorort von Frankfurt, packen die Leute jetzt zügig die übrig gebliebenen Portionspackungen australischer Ingwerkonfitüre und neuseeländischer Butter in ihre Taschen; Pullover und Jacken werden aus den Handgepäckfächern geholt und die Stewardessen sammeln die geleerten sowie die noch halbvollen Tassen und Becher ein.

Ihr Leben wollte ich nicht leben, sinniert mein aus der Zeitungslektüre aufgewachter Nachbar und faltet eine alte „Welt“ zusammen. *Sie können ja gar nicht wissen, wo Sie zu Hause sind.* (Dass er selbst aus Löffingen im Hochschwarzwald stammt, hat er mir das erste Mal über dem Indischen Subkontinent und das zweite Mal über Ostanatolien anvertraut.)

Unwidersprochen bauen Worte Wahrheit auf. *Doch*, sage ich daher nach einer ganzen Weile, und vielleicht sage ich es mehr zu mir selbst, *es gibt einen Knotenpunkt vieler Linien aus unterschiedlichen Richtungen.* Mein Nachbar dreht sich irritiert zur anderen Seite, als könnten die Sätze nicht an ihn gerichtet sein. *Dass man nachts zurückfliegen muss*, klagt er schließlich. *Alle anderen Flüge ausgebucht. Dreizehn Stunden Halbschlaf im Sitzen, man kommt völlig erschöpft zurück und hat einen ganz gewöhnlichen Tag vor sich.*

Die Monitore unterrichten uns verlässlich über die Abnahme der Höhe und die Zunahme der Temperatur. Das Flugzeugsymbol schiebt sich schnell und zielsicher auf Frankfurt zu, doch kurz vor der Stadt vibriert es, scheint zu zögern und minutenlang planlos und störrisch herumzutreiben.

Meine Müdigkeit der letzten Stunden ist einer wallenden Wachheit gewichen und spätestens, als das Fahrgestell dann endlich – 6.08 Uhr MEZ – den vernarbten heimatlichen Boden erfasst hat, packt mich Lampenfieber wie vor einer entscheidenden Prüfung. Beim Blick auf meine Schuhe fällt mir auf, dass ich sie vor der Abfahrt hätte putzen sollen.

Schon die Kälte in der Gangway ist mir fremd. Charmelose Endlosgänge folgen. Am Fließbandrondell für das Gepäck wird schnell entschieden, wer für das deutsche Leben taugt. Die positive Auslese strömt bereits zum Ausgang und wird die vordersten Taxis erobern. *Akklimatisieren Sie sich gut*, ruft mir der Löffinger mit seinem Koffer in der Hand zu, während mein Gepäck gerade in die zweite Runde geht.

Der Fahrer des Airliners wartet aber, bis auch ich die Prozedur bewältigt habe. Im Kleinbus bewahren Reisende aus der Schweiz, Finnland, Singapur und Malaysia für eine Weile die Sicherheit der internationalen Atmosphäre. Der Finne zieht seine schwere Jacke aus und die Dame aus Singapur schielt so verlangend darauf, dass der Nordländer auf Englisch fragt, ob er sie ihr leihen dürfe. Man plaudert über Herkunft und Ziele. Ich habe mich gerade gemütlich eingerichtet, als ich die kleine Weltgemeinschaft schon verlassen muss. Jetzt stellt sich wieder dieses Gefühl ein, das ich stets empfinde, wenn etwas Neues auf mich zukommt: Erst kann ich es kaum erwarten, und wenn es so weit ist, möchte ich mich auf und davon machen.

Das Haus, vor dem ich stehe, ist noch ohne Licht. Umso mehr erschrecke ich, als der Kontaktmelder plötzlich grell und funktionsgemäß diesem dunklen Morgen die Tarnung nimmt.

Gesa hat mir in der letzten Email erklärt (in den Ferien sind wir Langschläfer), dass der Haustürschlüssel unter der Plastiksondermülltüte neben den Abfalltonnen deponiert sei, und die wirft sich mir, als ich das Mülltonnenhäuschen öffne, vehement entgegen. Wie ein Eindringling begebe ich mich so geräuschlos wie möglich in das mir vertraute Dachzimmer. Das hergerichtete Bett kommt mir wie ein Stück Heimat vor, doch in einen Schlaf kann ich jetzt nicht mehr finden. Im Osten säumt schon ein purpurner Streifen den Himmel und liegt wie eine Wunde an der Sollbruchstelle zwischen Nacht und Tag.

Eine Stunde später hat die Nacht den Tag freigegeben. Der Morgen enthüllt eine Landschaft mit einer dünnen Schneehaut, und mein Blick fällt auf einen jener Horizonte, die mir die Illusion von entgrenzten Lebensräumen geben. Eine Kastanienallee folgt ein Stück weit der Berührung von Hügeln und Himmel; die Schönheit der entlaubten Baumkörper zeichnet sich vor der fernen Helligkeit ab. Krähen hüpfen auf den Spurrillen des Ackers, unwirklich große Tiere vollkommen frei in einer durch und durch beherrschten Landschaft. Eine aber strauchelt beim Verlassen der vereisten Spur und bringt sich wieder in Ordnung, allerdings ohne rechte Eleganz.

Wie sehr habe ich die Jahreszeiten während der vergangenen Jahre vermisst; wie gut tut das Vergehen der Blüte, das Stillwerden, die Leere in der Erwartung einer neuen Ankunft. Wird jede Fülle nicht irgendwann zu Ballast, wenn sie nicht abgelöst wird?

Eine Woche oder so kannst du gerne bei uns wohnen, sagt Gesa beim Frühstück und dreht dabei einige Male ihre Kaffeetasse um etwa 180°. Ich verstehe. Verstehe wohl mehr, als ich verstehen soll. Das Bild vom letzten Jahr: Der Urlaub von Gesa und Günther. Sie Gäste in einer betörenden Welt, in die ich sie führen konnte. In den Palmendschungel des Mekongdeltas, zu Kakaobauern und schwimmenden Märkten. Farbigkeit, Fruchtbarkeit, Fülle. Leicht ließ sich sagen: *Wenn du zurück nach Frankfurt kommst, wohnst du natürlich bei uns im*

Gaubenzimmer. Es kann lange dauern, bis man in Frankfurt eine Wohnung findet.

Ich kratze nicht an Gesas Satz. Alles Kleinlichsein hat eine hauchdünne, gespannte Membran, unter der sich mögliche Reaktionen bereits zu pulsierender Aggression gestaut haben. Jede Nachfrage ist ein Stich, der sie zur Eruption bringen kann.

Der tropische Trancezustand ist vorbei. Am Tisch sitzen deutsche Dezembermenschen. Schweigend esse ich die Scheibe Vollkornbrot, bestrichen mit Markenbutter und naturreinem Honig, und überlege, ob ich es mir leisten kann, die klebrig gewordenen Finger abzulecken. Ich lasse es lieber sein.

Günther wird deutlicher als Gesa: *Tilde wohnt doch mitten in der Stadt; kannst du nicht vorübergehend bei ihr wohnen? Dann würdest du dir die umständliche Fahrerei sparen.*

Wisst ihr, dass Tilde MS hat? frage ich. Tildes multiple Sklerose ist Gesa unbehaglich. Ein paar Minuten überlassen wir uns schweigend und aus unterschiedlichen Sphären kommend unseren maßlosen Wünschen gegen alles Sterben. Heimat muss nicht nur gefühlt, sondern auch gewährt werden.

Dann muss ich aufbrechen. Der Chefredakteur will mich um elf sprechen, der Uhrzeit, zu der sämtliche Chefs ihre Gespräche führen. Während der Fahrt in die Stadt liegt auf Ortschaften, einzelnen Gebäuden und Straßen der Glanz des Wiederentdeckten.

Den Tabakgeruch in seinem Zimmer hatte ich tatsächlich vergessen. Auf seinem Schreibtisch stapeln sich Exemplare der internationalen Presse, auf denen er Pfeife und Brille deponiert hat. *Steiner von der Lokalredaktion fällt voraussichtlich für ein halbes Jahr aus,* begrüßt er mich, als habe er vergessen, dass ich bis vorgestern in Singapur war. *Während seiner Abwesenheit überneh-*

men Sie sein Ressort. In den Tropen werde ich nie braun; vielleicht suggeriert meine europäisch anmutende Blässe, dass ich gerade aus Brüssel oder Düsseldorf komme. *Lutz Steiner? Ist er krank?* Der Chef sieht mich kritisch prüfend an. *Weshalb jemand nicht im Dienst ist ... Sie wissen doch...* Dann schwenkt er ein wenig um: *Sie haben ja in Südostasien ganz brauchbare Arbeit geleistet,* findet er.

Auf dem untersten Absatz der Stufen zur Cafeteria ist ein Emailleschild befestigt: *üße bit e gründ ich abtret n!* Wohlerzogen, wenn auch mit den Sohlen statt mit den Füßen, leiste ich der Aufforderung Folge. Vielleicht ist der Abdruck, den ich jetzt hinterlasse, frei von Restpartikeln südlicher Erde. Ich treffe auf Harry, den ich seit vielen Jahren nicht mehr gesehen habe. Bei einem Cappuccino erzählt er, er sei vor einem halben Jahr aus Paris zurückgekommen. Aus Nostalgie habe er sich mit der Ummeldung seines Autos Zeit gelassen. Fast täglich hätten die Kollegen in der Redaktion nachgehakt. Als sei ein französisches Kennzeichen ein überfremdender Störfaktor in der Parkgarage. Harry blickt aus dem Fenster und scheint die Skyline abzuchecken. *Ein Irrtum zu glauben, tiefer anzukommen, von wo du weggegangen bist.*

Bevor ich zurückfahre, kaufe ich in einem Delikatessmarkt ein paar Lebensmittel, um bei Gesa und Günther nicht auch noch als Schmarotzer zu gelten. Ich stehe vor sieben Sorten Markenbutter – der Preis zwischen 2,39 und 2,99 € – und nehme zum Spaß die teuerste. Kaufe französischen Weichkäse, luftgetrocknete ungarische Salami, italienische Oliven und zwei Flaschen Chablis. Zumindest die Öffnung der Märkte haben die Menschen zustande gebracht.

Nur mühsam ist der Plan der U- und S-Bahnen zu lesen. Linien, die aus unterschiedlichen Richtungen kommen, verwirren; Knotenpunkte sind schwer zu orten. Wir ziehen nicht hinaus, um Sicherheit zu erlangen, sondern um uns der Verunsicherung preiszugeben und sie zuzulassen. Darin liegt eine Gefahr, die von uns ausgeht. Auf dem Bahnsteig rügt mich ein Herr, weil ich die gezogene Sicherheitslinie um die Hälfte meiner Fußlänge übertrete. Zitternd deutet sein Stock auf die durch mich verursachte Abweichung. Ein ganz gewöhnlicher Tag. Doch die Unpünktlichkeit der Bahn gibt mir wieder einen Schimmer Hoffnung.

Swedish Rhapsody

Schulterklopfen und gute Wünsche zum Abschied. Er hätte weiter in Berlin bleiben können. Aber bitte, wenn er es anders will. Im Mai noch Schnee zum Beispiel. Schließlich das erhabene Gefühl letzter Schritte vor einem großen Ziel. Obwohl die Warteschlange für Bürger außerhalb der EU kürzer ist als die für EU – Bürger, dauert die Abfertigung länger. Plötzlich haften auf Collins Visum die Zweifel des Passbeamten. Dann ein vernichtendes Kopfschütteln. Das Dokument für einen dauerhaften Aufenthalt ungültig. Es fehlt eine Seite, die nur im Ausland ausgestellt werden kann. Collin lacht und glaubt an einen Witz, aber als sich der Ernst des Passbeamten als resistent erweist, begreift er, dass er zu früh gelacht hat. Kopenhagen oder Helsinki, er hat die Wahl. Nicht einmal das Renommee der Presseagentur, für die er arbeitet, verhindert, dass er kurz darauf im Flugzeug mit Kurs auf Kastrup sitzt, um in der Botschaft in Kopenhagen den Fehler beheben zu lassen.

Die Abweisung beleidigt ihn wie einen Gast, den man zurückschickt, damit er sich umzieht, um in besserer Kleidung wiederzukehren. Er war nur einmal als Tourist hier und weiß, dass für Touristen Schutzbestimmungen gelten, weiß, dass sich eine Freundlichkeit, die im Unverbindlichen gewährt wird, umkehren kann, wenn die Modalitäten verbindlich werden. Städte, die sich dem Touristen öffnen, warten immer mit Streicheleinheiten auf. Collin kommt nicht als Tourist. Nach zweistündigem Warten in der Kopenhagener Botschaft erobert er das nötige Papier. Während der unliebsamen Wartezeit denkt er an Tausende deutscher Autobesitzer, die sich mit den Elchaufklebern zu dem Land bekennen, das viele von ihnen besser kennen als er. Damit spricht er sich auf dem Rückflug nach Stockholm Mut zu, bevor er kurz nach Mitternacht Einlass findet in das gelobte Land.

Collin kennt das ja schon: Bei jedem Ortswechsel muss er Wege und Instanzen finden, dem Himmel das bevorstehende Wetter ablesen, in fremder Sprache im richtigen Moment lachen. Diese Stadt ist immerhin überschaubar wie ein Modellbau, ohne vergessene Flächen, verlassene Fabrikgelände, sinistre Hinterhöfe und obskure Verschläge; nicht einmal an den Rändern franst sie aus, sondern ist stabil betoniert. Das Licht der wechselnden Jahreszeiten im Verbund mit Seen, Wald und Granit ihr kreativer Begleiter.

Übermüdet steht er anderntags in der Klarheit eines herbstlichen Morgens an der Bahn, die die nördlichen Vororte komfortabel an die Stadt anbindet. Bereits auf dem Bahnsteig sind die meisten Menschen stehend in eine Lektüre vertieft. Beinahe unhörbar die wenigen Gespräche. In dem Gefühl, dass Lesestoff zur Grundausstattung gehört wie eine Fahrkarte, kauft Collin im Pressbyrå eine Tageszeitung.

Auf freier Strecke hält der Zug unvermittelt an. So, als habe er das Weiterfahren vergessen. Nervös verfolgt Collin den unaufhaltsamen Gang des Minutenzeigers seiner Armbanduhr. Bisher wollte er in dieser Stadt ankommen; dass er es jetzt muss, verändert das Verhältnis. Sein Bedürfnis nach einem einvernehmlichen Blickkontakt wird abgewiesen; man schaut entweder kurz von der Lektüre auf oder unterhält sich weiter, als spiele Zeit keine Rolle. In den Gesichtern der Fahrgäste liegt eine gewisse Ähnlichkeit. Als sei Selbstbeherrschung die höchste Form der Kultur. Später in der Agentur, in der ihn niemand wegen seiner Verspätung tadelt, blickt er wieder in diese Gesichter. Jeder Versuch einer Rechtfertigung wäre ein Angriff auf die Kreation dieses Lächelns.

Da der Mensch hier nur mit einer zugeteilten Personennummer rechtsgültig ist, wird Collin vorerst weder ein Festnetzanschluss noch die Einrichtung eines Bankkontos, nicht einmal der Bezug von Heizöl gewährt. Eines Abends nimmt er seine Probleme zum Anlass, Kontakt zu den Nachbarn aufzunehmen. Nicht, dass die Freundlichkeit umschlüge, als Collin unangemeldet vor der Tür steht; die offenkundige Überraschung schiebt nur einen leicht abtönenden Filter darüber. Erst, als er das zögerliche Angebot der Nachbarn, bis zum Erhalt der Personennummer für ihn zu bürgen, spontan annimmt, schält sich von der Fassade deutlich eine Glanzschicht ab. Obwohl Collin im Umgang mit Menschen unterschiedlicher Herkunft routiniert ist, kann er diese Farbnuancen von Freundlichkeit noch nicht übersetzen. Beinahe liebevoll erinnert er sich an das Beckmessern ungarischer Bäderwärterinnen, wenn sie ihm auf dem hürdenreichen Weg zu den Schwimmbädern wieder einmal unmissverständlich verdeutlichen, dass sein IQ für osteuropäische Bäderordnungen nicht ausreicht, weil er einen Bon verloren, eine falsche Kabine benutzt hat oder gegen den Uhrzeigersinn gelaufen ist. Die Menschen hier hingegen bedienen ihn mit jener unantastbaren Freundlichkeit, die einem göttlichen Wissen zu entspringen scheint.

An den Wochenenden erkundet er die funktionalistisch geprägten Vororte, die sich von dem Gebot der Schönheit und Perfektion emanzipieren, streift jedoch auch hier überall durch gleiche Geschäfte und steht an Kassen, an denen die Kassiererinnen die gleiche Dauerwelle, die fast gleiche Hornbrille und das gleiche Lächeln tragen. Höflich wird er empfangen, bedient, verabschiedet. Wenn er Kollegen auf ein Glas Wein einlädt, steht er wieder vor der Barriere dieses immer gleichen Lächelns und kennt es schon aus der Post, vom Zahnarzt oder aus den Apotheken: Er hat Angst, dies Lächeln könne sich wie ein Abziehbild lösen, und weiß nicht, was dahinter zum Vorschein käme.

Als Collin eines Abends mit der Roslagsbahn heimfährt, reflektiert die Kuppel des Riksmuseums jenes farbsatte Licht, das dem Norden eigen ist. Die unwiderstehlichste aller Häute, denkt er, ist die der Schönheit. Er versteht, dass sich das Böse tarnen und die Idylle das Schlupfloch sein muss.

Meldungen von Kongressen, Kulturveranstaltungen, Meisterschaften und der Nominierung der Nobelpreisträger arbeiten dem Bild dieser Schönheit zu und bestätigen es. Doch dazwischen flammt immer wieder anderes auf, stößt Collin auf die Hinterlassenschaften jener nie oder nicht sicher aufgeklärten Ereignisse, an denen das Land trägt. Berichte, Zeugenaussagen, Analysen, Anamnesen. Täglich ergänzt, modifiziert und verworfen. Vielleicht geradegestellt, vielleicht begradigt.

Allmählich frisst sich die Dunkelheit von beiden Enden in den Tag. Ohne die Bürgschaft der Nachbarn wäre das Haus immer noch unbeheizt. Vor der schwarzen Wand des Waldes, auf die Collin vom Küchenfenster blickt, begehren die Geister derer auf, deren Schicksale er als historisch gewordene Ereignisse verbucht hatte, und verweben sich miteinander. Jene Ereignisse, die seit Jahrzehnten nicht aufgeklärt sind. Der Flugzeugabsturz eines UN-Generalsekretärs. Der rätselhafte Untergang eines großen Fährschiffes. Vor Jahrzehnten der Mord an einem Ministerpräsidenten. In Gewässern, auf denen die Fähren so gemütlich zwischen den Bilderbuchufern tuckern, fahndete man Jahrzehnte lang nach der Tatwaffe. Über allem ein Sockel des Verschweigens, der Mythen gebiert. Aus dem Mord vor dem Kino Saga ist die Saga Svearikes geworden, Polizisten, Politiker und Agenten ihre Protagonisten. Als Collin die in den Bordstein eingelassene Gedenktafel sucht, läuft er versehentlich einige Male über den Mord, ehe er sie entdeckt.

Unweit probt der Chor einer Schule Adventslieder. Rein und klar, wie es der Schönheit der Stadt gebührt, hallen die Stimmen in den Wintertag, tadellos und verletzlich. Genau so perfekt das Ambiente im vornehmsten Kaufhaus, sodass man kaum eine Ware aus dem Sortiment lösen und das Kunstwerk zerstören mag. Hier geschah der Mord an der Außenministerin. Ungeschützte Wege im Vertrauen, diese Stadt sei im Großen und Ganzen eine gewaltfreie Zone. Der Täter schnell dingfest gemacht. Ein zufälliger Täter einer unzufälligen Tat? Collin sucht nach Antworten. In Büchern, Zeitungen, Archiven. In Gesichtern und Worten. Das ganze Land bedarf der Häutungen.

Für die Walpurgisfeuer, die zum Beginn des Maimonats die bösen Geister vertreiben sollen, wird am letzten Tag des Aprils im Skansen Holz aufgeschichtet. Ein Fest, das Collin aus den USA nicht bekannt ist. Er bekennt in einer WhatsApp *Im Mai noch Schnee!*, denn noch sind in Schattenlagen tatsächlich vereinzelt Schneeflecken zu finden. Walburga galt als die Schutzheilige gegen Pest, Tollwut, Keuchhusten und andere Krankheiten. Der Winter soll in dieser Nacht vertrieben, der Weg für Wärme und Fruchtbarkeit geebnet werden. Hunderte sonnenhungriger Betrachter stehen dicht, aber nicht zu dicht beieinander, blicken in dieselbe Richtung und warten auf Licht- und Rauchzeichen. Geborgen im Ritual. Vereint in der Kultur eines großen Konsenses. Er einer von ihnen. Als schließlich das Feuer der Sonne gegen das der Holzscheite getauscht wird, tragen Chöre schmerzhaft schön Klänge schwedischer Frühlingslieder in die frostige Stille. Funken springen über. Man muss sich hin und wieder um sich selbst drehen, um nicht zu viel der Wärme von der einen Seite und zu viel der Kälte von der anderen Seite zu erwischen. Collin ahnt, warum man das Zeremoniell als „Messe“ bezeichnet. Allmählich ahnt er Zusammenhänge. Vielleicht ist die Zuneigung, die er der Stadt entgegenbringt, eine stellvertretende. Und die Stadt erwidert sie wie eine charismatische Persönlichkeit: versprengt und in kühler Unabhängigkeit. Als wolle sie gesucht, aber nie gefunden werden.

Weit draußen im Schärenhof

wo die Inseln spärlich werden, das Wasser endlich Oberhand gewinnt und die Ostsee wider Erwarten doch noch zu einem Meer wird, schcint das Leben zu verebben. Doch die Kargheit täuscht. In den Nischen des nackten Felsens nisten nicht nur Moose und Gräser; auch Blumeninseln überraschen auf steinigem Grund und scheinen nichts Anderes zum Gedeihen zu brauchen als die salzige Feuchte der Luft und die Frische des steten Windes. Nicht nur unzählige Vögel lassen diese abgeschiedenen Inseln zu einem Lebensraum werden: Alteingesessene Schärenmenschen teilen die Nachbarschaft mit Künstlern, Anachoreten und solchen, die für die Ökumene nicht taugen.

An der äußeren Grenze des Archipels, das viele als Niemandsland vermuten, steht auf dem Plateau einer schroff nach Osten abfallenden Klippe ein altes grau gestrichenes Holzhaus, dessen Farbe seit langem nicht mehr erneuert worden ist. Es steht dort ganz für sich allein. Wenn die Tage trüb sind und die Insel hinter einem Regenschleier liegt, wenn im Winter Schneefahnen von der Eisfläche aufwirbeln oder Flockentreiben Bild vor Bild schiebt, ist das Haus von seiner Umgebung kaum zu unterscheiden, werden Wasser, Eis, Fels und Holz beinahe eins.

So sind die Tage schon gut. Besser aber noch, wenn dichter Nebel lagert und selbst diese aufs äußerste reduzierte Welt unsichtbar macht.

Tara verletzte sich einst am Licht des Tages. Vor Jahrzehnten geschah es. Es war Mittsommer, sie liebte und im Flutlicht des Junis explodierten Frühling und Sommer zur selben Zeit. Da konnte die Netzhaut die Bilder, die sich pausenlos auf ihr einbrannten, plötzlich nicht mehr loswerden. Alle Bilder des laufenden Lebensfilms überlagerten sich; nichts, was eingelassen und entwickelt war, verschwand wieder, und binnen kurzem zeigte sich das ganze Weltbild als ein dunkles und wirres In- und Übereinander, als Vexierbild, verzerrt, verklumpt.

Tara verschloss sich für alle weiteren Eindrücke, floh zunächst ins Dunkel, bis die Bilder schließlich so blass geworden waren, dass sie an dieser äußersten Grenze sesshaft werden konnte.

Hier begnügt sie sich damit, das verblasste Gesamtbild zu sehen, ohne es vollständig lesen zu können. Vor dem Einerlei des Wassers, wo Entstehen und Vergehen im selben Stoff arbeiten, hat sie es mit der Zeit gelernt, Ergänzungen wieder ertragen zu können.

Trotz der Begrenztheit des Eilands spürt sie auf ihren Streifzügen immer neue Sehenswürdigkeiten auf, die das Eis vor Tausenden von Jahren geschmiedet und geschliffen hat. Die Moränen aus Gneis und Granit, die Schichtungen der Steine, die glitzernden Krusten an den Kanten der Verwerfungen und die stoischen Felsbrocken erzählen Sagen eines immerwährenden Seins, in dem die Bausteine nur verschoben und verworfen werden. Und die Luft ist gespeist von den Schreien der Möwen, den Rufen des Seeadlers und dem aufgebrachten Geschnatter der Eiderenten. Im Frühling und Herbst geben Hunderte von Zugvogelschwärmen auf ihrer meridianumspannenden Reise ein kurzes Gastspiel auf der Schäre. Für viele von ihnen weiß Tara keine Bezeichnungen, und es ist schwer, das Namenlose wiederzuerkennen.

Der kurze Aufenthalt der Zugvögel kann Spuren hinterlassen, wenn sie Samen in die Schärenwelt tragen, Spuren, wie die Winde sie säen. Wenn Tara neben Strandwicken, Felsennelken und Orchideen die Triebe einer solchen Luftpost aus weit entfernten Flecken der Erde entdeckt, erfindet sie einen Namen dafür. Blumen und Vögel bedeuten ihre Sommerwelt. Wenn im Juli die

Blaubeeren und im August die Preiselbeeren reifen und sie im Spätsommer mit Glück auch Pfifferlinge und einige prächtige Steinpilze findet, ist Tara stolz über die kleine eigene Ernte auf ihrer Insel.

Doch auch Wege der Menschen durchkreuzen die einsam geglaubte Schärenwelt. Jeden Tag ziehen in sicherer Entfernung von der Insel rotweiße Giganten auf ihrem Weg zwischen Stockholm und Turku vorbei, die aus einer anderen Wirklichkeit kommen und sich wie Eindringlinge durch fremdes Terrain fressen. In panischer Vorfreude steht Tara morgens und nachmittags am Fenster, fiebert dem Ereignis entgegen und fürchtet es zugleich. Und wenn einmal, was selten geschieht, die Regelhaftigkeit gestört ist und sich eine Fähre verspätet, gerät sie in Sorge und findet erst wieder zur Ruhe, wenn das Ungeheuer zu sehen ist.

Zwei- bis dreimal in der Woche findet sogar eine direkte Berührung mit der Welt statt: Dann ankert ein Taxiboot vor der kleinen Außenschäre und erfüllt die verbürgte Fürsorgepflicht. In den Monaten anhaltenden Frostes, in denen eine brüchige Eisdecke die Ostsee unpassierbar macht, kommt der Mann sogar mit einem Luftkissenboot, das sich mit einem Lärm, vor dem Tara jedes Mal erschrickt, ankündigt. Er lädt ab, was die zurückgezogene Frau braucht, und ist jemand, der ein Schweigen stehen lassen kann. Dafür ist Tara ihm dankbar. Meist aber wechseln sie ein paar Worte miteinander, und Tara hört dann nicht nur die Stimme des Mannes, sondern wie fremd auch ihre eigene. So bringt er jenes Fuder Leben mit, von dem sie tagelang zehren kann: Gerüche, Blicke, Lächeln, Worte. Wenn sie das befürchtete und doch ersehnte Motorengeräusch vernimmt, das in seiner Vereinzelung leicht auszumachen ist und sich verlässlich auf sie richtet, dann weiß Tara, dass es unmöglich wäre zu leben ohne die Menschen, die sich auf das Vergessen besser verstehen als sie. Und die die Eininselung der anderen kühn überbrücken. Der anderen, die das, was menschlich ist, nur an Grenzen auszuhalten vermögen.

Gezeitenkalender

Am Anfang immer ans Meer. Zu zweit den Kopf in den Sand und, wenn er frisch aufgeweht ist, die ersten Fußstapfen setzen. Im Spülsaum Bohrmuscheln auflesen. Zum Beispiel. Oder Treibhölzer. Oder geschliffenes Glas. Kostbarkeiten, die sich an Übergängen sammeln. Blau das Meer und verheißungsvoll; eine Einfachheit, die uns verführt. Am besten nur bis zum nächsten schönen Bild denken, dann mit dem Denken aufhören und in der Betrachtung verharren. Laut genug sind ja die Rhythmen des Wellenschlags, den der Wind in die Dünen trägt, laut genug, um die Sprachlosigkeit unhörbar zu machen und der Betäubung nicht gewahr zu werden.

Am Anfang immer ans Meer. Barfuß über die Rippelmarken laufen und im Wattschlick einen schnelllebigen Fußabdruck hinterlassen, der Sekunden später in der Gleichheit einer Fläche ertrinkt, die Festigkeit nur vortäuscht. Den Lauf der Priele weiterträumen bis an die Horizonte. Wo sich alles ungehindert in sich selbst ausstrecken kann. Die ungebundene Ebene sprechen lassen, wie die Zweisamkeit es zugeraunt haben will. Uns im Flug der Möwen wiegen und wissen, dass auch in fallenden Bewegungen schon ein neuer Aufschwung liegt.

Und obwohl ich wissen müsste, dass nichts verletzlicher ist als das, was offen liegt, und nichts leichter zu vereinnahmen, frühstücke ich jeden Morgen in aller Seelenruhe ein Brötchen mit gesalzener Butter und glaube nach meinen Bedürfnissen. Reite mutig auf Wellenkämmen und lass mich in der Nacht liebkosen von meinem Mond. Du neben mir.

Erst, wenn der Winter Land und Wasser vereinnahmt und im Ufersaum in unbewegten Buchten Eisgries hortet, erschrecke ich in Angehör der unerwarteten Stille. Eisspäne dümpeln vor sich hin, als schwebten sie in schwerem Sirup, bremsen Dünung und Brandung und nichts geht mehr vor und zurück. Was tun in dem Schweigen, in der Unbeweglichkeit, was, wenn uns die Wellen nicht mehr mitnehmen und sich unsere Wortversuche nicht mehr unter das Wirken des Wassers waschen. Verlegen zermalmen wir unter den Stiefeln die in Wällen aufgeschichteten Miesmuscheln, hör nur, wie es knackt und knirscht unter unseren Schritten, fühlst du es auch, wie die Zerstörung befriedigt? Und irgendwo in naher Luft knattert ein Rettungshubschrauber, irgendwo immer.

Ich will nicht, dass der Himmel aufs Meer fällt und das Wasser steigt, Land unter, und die Warften zu unverbundenen Fliehburgen werden, worauf ich sitze allein und in meiner Angst am liebsten ins Wasser spränge, weil es keinen Unterschied macht jetzt, wo es von allen Seiten kommt, an Wänden und Stahlträgern herabrinnt und gurgelt, wenn Wasser sich in Wasser ergießt. Doch unser Schweigen ist weniger stumm, wenn der Regen redet und die Flut sich nicht an die Grenzen hält, die wir für Gesetze hielten, und ach, alles aus dem Ruder läuft.

Am furchtbarsten aber, wenn die Fluten eine Altlast erben. Wenn die freizeitbereite Wolkenlosigkeit über den Spuren des letzten Terroranschlags steht, irgendwo in einem Ernst da draußen oder in den Spielstuben daheim. Wenn sich der blauäugige Himmel selbstgefällig in den Katastrophen spiegelt, beinahe schlimmer noch als die Katastrophen selbst. Ich will nicht gefügig gemacht werden, verstehst du, nicht von den Katastrophen und schon gar nicht von einem Sonnenschein, der über ihnen liegt. Der uns im Handumdrehen besänftigt, wenn Himmel und Meer zur Ruhe gefunden haben und der Zerstörung unaufhaltsam ein Anfang folgt.

Alle Bewegungen nichts als Wellen, die kommen, sich zurückziehen und in anderer Gestalt wiederkommen.

Jedes Mal der Trug, der Ankunft folge das Bleiben, und dann die Trauer, dass derselbe Schub auch wieder den Rücklauf antreibt. Wasser, immer nur in sich selbst gebrochen, nachdem es sich in stets neuen Anläufen aufgebäumt hat, voller Energie vorprescht, über das letzte erreichte Ziel hinauswill und es doch selten nur weiterbringt. Immer derselbe schlichte Stoff, scheinbar gleich und doch in jeder Sekunde anders formiert.

Am Ende wieder ans Meer. Barfuß die Strenge der Rippelmarken spüren und die Grenze zu einem Schmerz ertasten. Möwen und Austernfischer um ein Tun beneiden, das keiner Deutung bedarf. Im Tosen der Wellen orten, was da noch ist im Innern nach all den Brechungen. Allein den Kopf in den Wind. In Augenhöhe mit der geraden Linie zwischen Himmel und Erde den Lauf der Priele in die leis gedachte Hoffnung münden lassen, dass es irgendwo eine Entgrenzung gibt, in der etwas bewahrt bleibt. Mich in die Wellen der Gezeiten legen und in der Einfachheit der Bewegungen ruhig werden wollen. Dass letztlich doch alles beieinanderbleibt und in sich unzerstörbar ist. Und dann die Spuren im Sand verwehen lassen bis zur Unkenntlichkeit. Am Ende, am Ende immer ans Meer.

Fischaugen

Viele Wege sind es, die einander kreuzen. In und über Wasser. Hier, wo Trawler Tausenden von Thunfischen auflauern, die zu den warmen Laichgründen des Mittelmeers strömen. Und andere in ankernde Käfige gelockt und dort gemästet werden. Wo der Tod so lange verzögert wird, bis das Geschäft rentabel ist. Schwer die Fische. Millionenschwer das Geschäft.

Viele Tage sind es, an denen Tausende von Touristen über die ockerfarbene Insel mit den eisblauen Pooloasen in einer nach Süden ausholenden Schleife zur Landung gelotst und von der ersehnten Wärme wohlig umfangen werden. Damit auch ihre Körper besonnter und noch ein wenig fülliger und die Seelen frohsinniger werden. Und viele tausend Tage sind es, seit Pietro und seine Männer hinausfahren, um mit dem Fang die üppigen Buffets zu beliefern oder die Fische zu großen Kühlschiffen zu transportieren. Sie wissen, dass es ein blutiger Weg ist, bis der Fisch schön angerichtet auf den Tellern der Touristen liegt. Haben gelernt, ihm in sein blickloses Auge zu schauen, wenn dem Leib in letzten Zuckungen das Leben ausgeht.

Mit dem Meer lässt sich auskommen, auch wenn der Sturm es in tiefe Falten wirft, sich der Himmel erbricht und die Nacht ohne Wegweiser ist. Doch diese blanken und weißen Tage, an denen Himmel und Wasser ausschauen wie ein unbeschriebenes Blatt, machen ihnen den Kopf so schwer.

Denn noch andere kreuzen die Wege. Von Süden her. Tausende und Abertausende, die sich auf eine Reise begeben, von der sie glauben, sie verzögere bis auf weiteres ihren Tod. Dieser Weg braucht blanke und blinde Tage. Blind für die Patrouille. Blank für die Sicherheit. So wie heute. Der Süden ist für die Fischer zu einer unheimlichen Richtung geworden. Pietro und seine Männer haben gelernt, das Meer, das so lange eine Heimat war, umzudeuten. ... *keine Fische mehr fangen, sondern Menschen gewinnen,* murmelt Antonio vor sich hin. Sagte er, Menschen gewinnen? Ach ja, der Antonio. Früher ist er oft in den Morgenstunden mit hinausgefahren. Jetzt, wo er alt und träge ist, bleibt er meist daheim, liest er zu viel von dem gedruckten Zeug und redet so daher.

Ein ungetrübter Morgen breitet sich aus. Doch unruhig blicken die Fischer zum Horizont und lassen sich von keinem Anschein mehr blenden. Schauen hin, von wo die anderen kommen könnten. In Schlauchbooten mit behelfsmäßigen Außenbordmotoren, bis zum Rand mit vielen Männern und wenigen Frauen und Kindern beladen. Eng an eng an der Bordwand. Kaum Platz für Lebensmittel und Trinkwasser. Schon gar nicht für Habseligkeiten. Hunderte von Kilometern bis zur ersehnten Küste. Fünf, sechs Tage, vielleicht auch mehr, fast ohne Nahrung. Das Meer lässt sich weder trinken, noch lässt es seinen Reichtum als Nahrung nehmen mit bloßer Hand. *Tausend Dollar für eine Reise, von der man nicht weiß, ob das andere Ufer im Reich der Lebenden oder Toten liegt*, sagt Antonio.

Aber Pietro hat kein Mitleid. *Warum nehmen sie diese Strapazen auf sich und setzen ihr Leben aufs Spiel*, regt er sich auf. Vittorio schweigt. *Hunger und Krieg treiben sie hinaus, Europa ist ihre letzte Hoffnung, k*ontert Antonio.

Hunger? Wer kann schon tausend Dollar für ein neues Leben bezahlen, wenn er bettelarm ist? Pietro versteht das alles nicht. *Vielleicht legt der ganze Clan zusammen, damit wenigstens einer überlebt,* schaltet sich jetzt Vittorio ein. *Aber was haben sie davon? Werden doch alle in Safi eingesperrt. Unten am Containerhafen, hinter Maschendraht und Stacheldraht.*

So reden die Fischer oft und verlieren sich in Wiederholungsschleifen, wie Menschen es tun, wenn ein unlösbares Problem ihre Gedanken gefangen hält.

Pietro liebt seine kleine Insel. Liebt es, oben in Mdina zu stehen und zu allen Seiten in die Ebene zu schauen. Dann ist beinahe ganz Malta im Besitz seines Blicks. Die Insel ist karg. Steinwälle durchziehen sie wie ein Gefäßsystem. Vereinzelt säumen Olivenbäume die staubigen Wege.

Über ihnen zieht ein tief fliegendes Flugzeug eine Warteschleife und bereitet die Landung auf Luqa vor. Auch heute sind wieder Touristen auf dem Weg und kreuzen die Bahn der Fischer. Viele Bilder sind es, die ihre Kameras jetzt einfangen können: Blaues Meer und weiße Gischt. Frachter, Segeljachten, Fähren, vielleicht ein Kreuzfahrtschiff oder eine Patrouille. Oder ein Schlauchboot. Ein Teleobjektiv aber könnte aus der Luft gerade zwei Boote erfassen, die ganz dicht beieinander sind. Das eine hält Kurs auf das andere, das sich nicht bewegt.

Doch Pietro blickt nach Süden, wo das Wasser eine Blesse von der verschleierten Sonne hat. Harmlos liegt das Meer da und streckt sich in sich selbst aus.

Es ist erst ein paar Wochen her, dass sie etwas geangelt haben, das leichter war als ein fetter Fisch und dennoch mehr wog. Ein Fang, der immer noch fassungslos macht. Ein Fisch mit fehlender Flosse und zwei Beinen. Einer, der sein Leben gegen eine zu große Hoffnung eingelöst hatte. Und dessen leere Augen Pietro so angestarrt haben wie die Augen der Fische in ihren letzten Zuckungen. Seitdem hat sich zwischen Pietro und dem Wasser etwas verändert.

Schnell schlägt das Wetter um. Von einer Sekunde auf die andere kann der Motor von tobenden Winden abgerissen werden. Und ein Mensch über Bord gehen. Der Wind ist mit dem, was er wegreißt, nicht wählerisch. Schnell sperrt das Meer sein Maul auf, schnappt sich die

Beute und tränkt sie. Unvorstellbar schnell. Pietro weiß nicht, ob einer nicht mehr Mensch ist, wenn er gerade zum Leichnam geworden. Und versteht nicht, warum ein Körper, dem bislang Hunger und Not den Tod nicht anhaben konnten, mir nichts dir nichts von einer Welle zunichtegemacht werden kann, nur weil das Wasser im Spiel war mit dem Wind.

Heute ist wieder so ein Tag, den die Touristen Urlaubstag nennen. Sie lassen sich in die Blue Grotto locken, rutschen über die glatten Bürgersteige von Valletta, shoppen ein wenig oder ein wenig mehr als ein wenig und geraten mit der Zeit durcheinander. Denn um den Teufel zu verwirren, geht von zwei Kirchturmuhren immer eine falsch. So kommen manche vielleicht etwas verspätet in die Restaurants und werden unpünktlich satt. Aber satt werden alle.

Nicht nur Ferienflieger sind zu sehen; über den Männern kreist jetzt auch ein kleines Flugzeug, das erstaunlich tief fliegt. Zweimal zieht es einen Bogen, bevor es sich wieder entfernt.

Der Nebel hat sich aufgelöst und der Himmel nimmt Farbe an. Es ist, als habe Aiolos über dem sommerlichen Meer alle Sorgen weggepustet. Nicht mehr weit zu den Käfigen. Vittorio kramt drei Dosen Kinnie aus der Kühlbox, die die Männer gierig in einem Zug leeren. Genau da ist es still genug. So still, dass sie die Laute, die sich wahrscheinlich längst in ihr Gespräch eingemischt haben, wahrzunehmen beginnen. Laute, die nicht vom Schlagen der Wellen herrühren. Schreie? Klagen? Gesang? *Hört ihr das?* fragt Vittorio. Schreie und Gesang werden lauter. Von links die Schreie, von rechts der Gesang. Wo die Schreie herkommen, liegt da nicht ein gekenterter Kahn? Und der Gesang: Kommt er nicht von den Käfigen her?

In den Köpfen der Männer tobt es. Pietro will nicht sehen, wie einem menschlichen Leib in letzten Zuckungen das Leben ausgeht. Plötzlich hören sie das Dröhnen eines Hubschraubers, der über ihnen zu kreisen beginnt, sich aber wieder entfernt. Da treibt ein unbewegter Körper an ihrem Boot vorbei, ein zweiter, ein dritter. Pietro schießen Antonios Worte in den Kopf. Menschen gewinnen? Das Meer wird der Tod. So viel Tod, dass er das Leben verdrängt. Die Männer sind wenige. Die Toten so viel mehr. Sie können sie kaum unterscheiden. Die schon Toten von denen, die noch Leben in sich haben. Das Meer wird in seiner unentrinnbaren Größe zum Gefängnis. Kein Land in Sicht, kein Ufer in Reichweite.

Wo sollen sie anfangen? Wen versuchen zu retten? Die Schreienden, die Singenden, die Schweigenden? Der Gesang an den Käfigen zieht sie an. Damit das Leben aufgefüllt wird im Boot und in den Köpfen und sie schon sechs sind gegen den Tod. Die Männer an den Käfigen treiben im Rhythmus des Gesangs ihre Herzen an. Ihre kalten Körper zittern wie zappelnde Fische, als die Fischer sie ins Boot zerren. Pietro sieht seine eigenen Bewegungen wie von weit.

Da fräst sich aus dem Nichts eine große Hoffnung zielgerade durch das Wasser zu ihnen heran, stoppt und ankert. Die Besatzung scheint sich auszukennen. Schnell und routiniert werden Fallreeps ausgerollt, Boote zu Wasser gelassen, Taue und Rettungswesten ausgeworfen. Mit knappen Anweisungen werden die Fischer in die Aktion einbezogen. Schnell und wortlos, als sei Rettung eine geheime Mission, nimmt die Besatzung die, die sich am Kahn festklammern, an Bord und auch die, die es schon ins Fischerboot geschafft haben. Dann beginnt die Bergung der treibenden Körper. Am Anfang wächst mit jedem Toten der Schrecken, wenn die schweren Körper in die Boote gehievt werden. Doch allmählich wird der Tod zu einer tönernen Gewöhnung.

Als ein zweites Schiff eintrifft, das die Fischer als Küstenwache erkennen, sollen sie umgehend zum heimischen Hafen zurückkehren. Ohne Fischfracht heute. Leer bleiben Boot, Köpfe und Herzen. Die Dosen kullern am Boden und scheppern mit dem leichten Schlag der Wellen. Nur sie sind es, die die Stille brechen. Worte sind für das, was in den Köpfen der Männer tobt, zu klein. Stumm fahren sie zurück in den Hafen. Stumm nehmen sie Abschied und jeder geht seines Weges.

Oben in der Luft nimmt der Ferienverkehr seinen Lauf und wird von den Ereignissen zu Wasser nicht beeinträchtigt. Und das Bild nicht gestört.

Am nächsten Tag tut Pietro, was er sonst nie tut: Er kauft eine Zeitung, sucht Text und Foto und beginnt ungeübt und langsam zu lesen. 8 Flüchtlinge, so steht geschrieben, seien von Fischern und Patrouillen gerettet und sicher zum Festland gebracht worden. Etwa 80 sollen an Bord gewesen sein. Zahlen sind unmissverständlicher als Wörter. Auf einmal spürt Pietro, wie seine Augen feucht werden. Immer wieder muss er sich mit der gegerbten Hand über die Wangen fahren. Fünf, die geschrien, und drei, die gesungen haben. Acht von achtzig, die voll von Hoffnung waren. Vielleicht hat er falsch gelesen und es war genau andersrum. Er muss die Zeitung Antonio zeigen. Der kann lesen, was da genau steht.

Und jedes Mal, wenn die Fischer an einem dieser Tage, an denen das Sonnenlicht scheu ist, hinausfahren, breitet sich über dem Meer ein Leichentuch aus. Sie werden kommen. Dieselben vielleicht, die bereits einmal aufgebrochen sind. Und zurückgebracht wurden. Ganz sicher aber Tausende der anderen, die so hungrig nach Europa sind. Die glauben, das Meer sei unverfänglich. Wie auch Europa. Die glauben, dass Wege einander kreuzen. Und berühren. In Europa.

Quellenverzeichnis

Annäherung an die Zielstraße. Neue Prosa aus Schleswig – Holstein, Kiel 2016.

Aus heiterem Himmel. Der Dreischneuß 22, Lübeck 2010.

Beugungen. Macondo. Bochum 2007.

Das Himmelbett. Poetische Anthologie. Euterpe. Zusammen leben. Husum 2013.

Die Doppelung. Zeichen & Wunder 49, Frankfurt a. M. 2007. Übersetzung ins Rumänische von Valentin Radu in *Euphorion 4/2019*, Sibiu 2019.

Die tragende Wand. 1. Preis im Wiener Werkstattpreis 2010, Wien 2010. GEDOK-Anthologie *Süchtig nach den Worten*, Husum 2013. Übersetzung ins Rumänische von Elena Cîmpan: *Peretele care se trage, Euphorion 2/2017*, Sibiu/ RO 2017.

Fischaugen. Wir sprechen vom Wasser. Anthologie der Bundes – GEDOK, Freiburg 2022.

Fluchtpunkte. Neufassung des Textes Luftspiegelungen (*Neue Sirene 26/27, Wegweisende Literatur der Gegenwart*, München 2011).

Gartenfest for one. Der Dreischneuß 16, Lübeck 2006.

Gezeitenkalender. Gekürzte Fassung. (Erstfassung in *Der Dreischneuß* 19, Lübeck 2007).

Heimat-Kunden. Zeichen & Wunder 45. Frankfurt a.M.2004.

Im Gegenlicht. Neufassung des Textes *Spiegelverkehrt (Neue Sirene 22. Wegweisende Literatur der Gegenwart*. München 2007). Bestenliste Limburger Literaturpreis.

Nachtkerzen. Bearbeitete Fassung. Erstfassung in *Der Dreischneuß 17*, Lübeck 2005.

Swedish Rhapsody. Neufassung des Textes *Walpurgisfeuer* in *Der Dreischneuß 20*, Lübeck 2008.

Warteschleife. Erstfassung in*: Zeichen & Wunder 54*. Frankfurt a. M. 2010.

Weit draußen im Schärenhof. Erstfassung in: Zeichen & Wunder 45, Frankfurt a.M. 2004.

Wenn Mauern sprechen. Edition Schreibkraft, Verlag Matthey & Melchior, Graz 2022.

Inhalt